교실속 갈등상황
100問 101答

제대로 교사

교실 속 갈등상황
100문 10답

ⓒ 우리교육 2008년
2008년 3월 3일 처음 펴냄
2023년 12월 15일 21쇄 펴냄

엮은이 우리교육
펴낸곳 (주)우리교육
펴낸이 신명철
등록 제 313-2001-52호
주소 03993 서울특별시 마포구 월드컵북로 6길 46
전화 02-3142-6770
전송 02-6488-9615
홈페이지 www.urikyoyuk.modoo.at

이 책 내용을 쓰고자 할 때는 저작권자와 출판사의 허락을 받아야 합니다.
잘못된 책은 바꾸어 드립니다.

ISBN 978-89-8040-637-1 13370

이 도서의 국립중앙도서관 출판시도서목록(CIP)은
서지정보유통지원시스템 홈페이지(http://seoul.nl.go.kr)에서 이용하실 수 있습니다.
(CIP제어번호:CIP2008000560)

지혜로운 교사

교실 속 갈등상황
100問 101答

우리교육 엮음

우리교육

배움과 나눔, 모두를 위한 교육 지혜로운교사

시리즈를 펴내며

여전히 많은 문제들을 안고 있지만, 우리 교육계는 제도와 내용이라는 두 측면에서 한 걸음씩 나아가고 있습니다. 현장 교사들의 꾸준한 연구와 실천을 통해 수많은 교육 자료들이 쌓이고 있습니다.

그럼에도 우리 교육출판계를 보면, 그 흔적을 찾기 힘듭니다. 직접 아이들과 함께 한 교육활동의 결과들을, 말 그대로 살아 있는 교사의 언어로 담아낸 책들이 빈약합니다. 교사들의 실천을 정리해내는 동시에 다른 교사들의 성장을 도모할 수 있는 그 무엇이 필요하다고 봅니다.

교사는 끊임없이 배우고 성장하며 나누는 존재입니다. 아무리 세상이 경쟁으로 치닫고 자본에 눈먼다 해도 교육에서만은 포기할 수 없는 중심 가치가 있습니다. 바로 '배움'과 '나눔'입니다. 스스로 서고 더불어 잘 살기 위한 배움과 나눔이 아니라면 교육의 진정성은 사라질지도 모릅니다.

우리교육은 '모두를 위한 교육'을 지향하며, 이제껏 개인 차원에서만 다루어진 교사들의 교육 실천 경험들을 〈지혜로운 교사〉 시리즈로 모아내고자 합니다. 그 결과물을 다른 교사들과 나누는 과정에서 함께 성장해가는 책으로 만들고자 합니다. 이 각박한 세상에서 묵묵히 아이들과 함께 교사들이 일구고 있는 미래를 이 속에 고스란히 담고 싶습니다.

2008년 3월 우리교육

004 '지혜로운 교사' 시리즈를 펴내며
008 들어가며

1부 교사와 학생 사이

013 담임을 만만하게 보고 말을 듣지 않습니다
019 어리고 왜소한 여교사, 아이들이 만만하게 봐요
025 궁합이 맞지 않는 반, 수업이 정말 괴롭습니다
031 교사에게 욕하며 '개기는' 아이, 어떻게 대처합니까?
037 아이들이 "딱 한 번만"이라며 부탁해 옵니다
043 아이들에게 물질적 보상을 하는 게 옳을까요?
049 문제아만 감싼다며 아이들이 차별 운운합니다
053 아이들이 특정 교과 선생님과 마찰을 빚고 있습니다
061 아이들이 기간제 교사 시간에 '개판'을 칩니다

2부 부적응 문제 상황

067 심각한 장난꾸러기, 어떤 말도 먹히질 않습니다
071 지각과 결석을 밥 먹듯 하는 아이가 있습니다
077 단체활동을 함께 하려 들지 않습니다

- 081 아이가 늘 교무실을 서성거립니다
- 085 의욕부진아, 그냥 두어야 합니까?
- 091 차라리 자기를 '잘라' 달라고 합니다
- 095 연예인에 대한 집착이 지나칩니다
- 101 사사건건 튀는 아이, 교실 분위기가 잡히지 않습니다
- 109 아이가 혼자 겉돌고 있습니다
- 113 판타지 소설에 빠져 헤어나질 못합니다

3부 학생과 학생 사이

- 123 '왕따 아이' 어찌해야 하나요
- 129 아이들이 장난삼아 반장을 뽑았습니다
- 135 아이들이 무기력한 반장을 싫어합니다
- 141 학급 내 도난 사고, 정말 어렵습니다
- 147 부적응 학생이 전학을 왔습니다
- 153 '노는 언니들'과 어울리는 아이, 어떻게 하나요?
- 161 학급에서 패거리끼리 반목이 심합니다
- 167 두 여학생이 심각하게 대립하고 있습니다
- 171 아이들이 복학생을 어려워합니다

들어가며

'갈등 상황 100문 101답'이란 이름으로 〈중등 우리교육〉에 연재하던 내용을 간추려 책으로 내게 되었습니다. 교사들의 교육활동을 적극 지원하기 위해 우리교육에서 의욕적으로 추진하고 있는 '지혜로운 교사' 시리즈의 첫 권이기도 합니다.

교실에서 교사들은 숱한 문제 상황과 직면하게 됩니다. 수업 중에 친구에게 주먹을 휘두르는 아이가 있는가 하면, 자는 것을 깨우는 교사에게 욕을 하며 대드는 아이도 있습니다. 친구를 왕따로 내몰려 괴롭히는 험악한 상황도 수시로 불거집니다. 그러나 예고 없이 터지는 이런 상황마다 '교육적으로' 솜씨 있게 대처하기란 참으로 난망한 일이 아닐 수 없습니다. 어떤 교육 담론이나 교육장서도 구체적인 처방을 내려주지 않거니와 도덕적 잣대만으로 재단할 수 없는 장면이 대부분입니다.
《교실 속 갈등 상황 100문 101답》이 놓이는 자리가 바로 여기입니다.
학급을 제대로 이끌기 위해서는 교사의 민주적인 태도나 포용성 외에, 아이들의 사소한 다툼, 심리적 갈등, 갑작스런 사건 등 일상적으로 벌어지는 일을 성숙하게 수습할 수 있는 '솜씨'가 필요합니다. 이러한 상황에 대한 교사의 반응과 대처는 그 자체가 교육이며, 학생 개개인의 성장에 중대한 영향을 미친다는 것을 우리는 잘 알고 있습니다. 배우고 가르치는 일들을 가능하게 하는 교실의 '정서적 상황'도 여기에서 명암이 엇갈리기도 합니다.

이 책에서는 이렇듯 일상적으로 벌어지되 판단하기 어려운 상황들을 세 가름으로 구분하여 다루었습니다. 장면마다 접근 태도가 다른 두세 교사의 답글을 나란히 배치한 것은 대처 방식의 관습화를 우려해서입니다. 교육적 대처에 정답이 있을 리 없습니다. 또한 조급한 성과주의를 경계코자 구체적인 응급처방보다 '인내하고 기다려라'는 원칙적 시선을 강조하기도 했습니다. 아이들의 성장은 현재 진행형입니다. 자칫 섣부른 개입보다는 유연한 태도로 지켜보는 것이 스스로의 성장 동력을 회복케 하는 좋은 방안이 되기도 합니다. 아이들의 마음을 품고 그들을 지원하는 교사의 태도는 어느 장면에서나 유효합니다.

이 책의 기획 과정을 챙겨 준 이상대 선생님과 부끄러운 실패 경험을 마다치않고 답글을 주신 각지의 여러 선생님들께 거듭 감사를 드립니다.
교실이 존재하는 한 이 책은 계속 이어져 나갈 것입니다.
행복한 교실을 꿈꾸는 선생님들의 건투를 기원합니다.

2008년 3월 우리교육

1부
교사와 학생 사이

- 담임을 만만하게 보고 말을 듣지 않습니다
- 어리고 왜소한 여교사, 아이들이 만만하게 봐요
- 궁합이 맞지 않는 반, 수업이 정말 괴롭습니다
- 교사에게 욕하며 '개기는' 아이, 어떻게 대처합니까?
- 아이들이 "딱 한 번만"이라며 부탁해 옵니다
- 아이들에게 물질적 보상을 하는 게 옳을까요?
- 문제아만 감싼다며 아이들이 차별 운운합니다
- 아이들이 특정 교과 선생님과 마찰을 빚고 있습니다
- 아이들이 기간제 교사 시간에 '개판'을 칩니다

담임을 만만하게 보고 말을 듣지 않습니다

> 경력 3년차 여교사입니다.
> 저는 아이들에게 편안하고 친근한 언니, 누나 같은 선생님이 되고 싶었습니다. 그래서 아이들 이야기도 들어 주며 재미있고 즐거운 교실이 될 수 있도록 노력했습니다. 그런데 시간이 지나면서 아이들이 산만해지고 분위기가 들뜬다 싶더니 급기야 제 말을 거의 듣지 않는 지경이 되었습니다. 나름대로 친절하게 눈높이를 맞추려 하는데 아이들은 담임을 만만히 보고 제멋대로입니다. 몇몇 아이들은 "선생님이 아이들을 다잡아 주지 않아서 학급 분위기가 엉망이 되었다"며 되레 제게 강한 불만을 드러내기도 합니다.
> 올해도 담임을 맡을 텐데, 참 고민입니다. 그렇다고 아이들을 엄하게 대하는 것은 자신도 없고 제 성격상 맞지 않습니다.

함께 부대끼며 행동으로 보여 주세요

담임이 친구같이 여겨질 때도 있겠지요. 그래서 교사를 만만히 보고 제멋대로 까불기도 합니다. 그냥 한번 해 보는 것이지요. 늘 명령과 지시에 복종하도록 강요받던 녀석들이 얼마나 선생님의 머리 꼭대기에 올라 놀아 보고 싶었겠습니까. 선생님이 배신감을 느끼든 말든 아이들은 별로 신경 쓰지 않습니다. 그런데 가만히 따져 보면 먼저 아이들을 배신한 것은 우리입니다.

아이들은 '친구 같은 담임'이라고 선언해 놓고 한 시간도 지나지 않아 본색을 드러내는 교사들을 십 년 넘게 봐 왔습니다. 그래서 무서운 선생님에게는 꼼짝 못하면서도, 만만한 선생님에게는 기어 올라타고 싶은, 눈에 보이지 않는 폭력에 길들여져 있습니다.

작전을 바꿉시다.

"얘들아! 나는 진짜 때리지 않는, 아니 때리지 못하는 선생이란다. 그런데 너희들이 그 때문에 나를 함부로 대하는 것 같아 무척 속상하다. 나 때문에 너희들이 상처 입는 것처럼, 너희들 때문에 나도 괴롭고 힘들 때가 많단다. 올해는 우리 서로 아픈 상처에 연고를 발라 주면서 살아 보자!"

저는 교사의 진심이 아이들에게 전달될 수 있도록 용감하게 행동으로 보여 주는 것이 가장 현명한 방법이라고 생각합니다. 사물함도 고쳐 주고, 청소도 같이 하고, 직접 걸레나 밀대도 빨아 주고, 생일도 챙겨 주고, 남는 참고서도 나눠 주고, 가정방문도 가고, 손톱도 깎아 주고, 치약과 칫솔을 가져오게 하여 이빨도 닦게 합니다.
같이 하고 싶은 일이 얼마나 많습니까? 이처럼 반 아이들에게 있는 그대로의 모습을 보여 주며 함께 부대끼는 것이 행복한 선생님이 되는 지름길이라고 생각합니다.

올해 저도 5년만에 담임을 맡았습니다. 교실에 들어가니 한 아이가 없었습니다. 지난 한 해 동안 가출을 비롯하여 40일 넘게 무단결석을 했다고 합니다. 다행히 몇 시간 뒤 어머니가 아이를 데리고 학교에 오셨습니다. "이젠 지쳤다, 별별 방법을 다 써 보았다. 중학교를 졸업할 수 있도록 도와 달라"며 눈물을 보이셨습니다.
저는 어머니와 이야기를 나누면서 아이가 모두 들을 수 있도록 일부러 간이 칸막이가 있는 곳을 택했습니다. 눈에는 보이지 않지만, 귀로는 생생하게 담임인 저의 정체를 상상할 수 있도록 말입니다. 1년을 함께 할 선생님의 정보를 전한 것이죠.

담임이나 부모는 아이들을 억지로 이끄는 존재가 아닙니다.
결국 아이들은 스스로 살아갑니다. 우리는 단지 그들이 더 나은 삶으로 나아갈 수 있도록 조언하거나 돕는 조력자이며 안내자입니다. 저는 아이들도 이런 담임을 원한다고 생각합니다.

송춘길 경북 구미 선산고 교사

> **그래도
> 정성껏
> 챙기고 도우세요**

학생들을 정성껏 챙기고 도움으로써 '아! 저 선생님은 우리와 잘해 보고 싶어 하는구나' 라는 믿음을 심어 주는 게 중요하다고 봅니다.

아침에 따뜻한 녹차를 주전자에 담아 놓기, 시간표 코팅해서 나눠 주기, 학급공용물품 상자를 만들어 가위, 풀, 비누, 치약, 유성매직, 스테이플러, 칼, 자 등 담아 놓기, 학부모님께 통신문 보내기, 교사 명함 나눠 주기, 아침에 교실 바닥 깨끗이 닦아 주기, 학급문고와 읽을거리 비치하기, 학기 초 비빔밥 잔치 뒤 후식 쏘기……. 이것만으로도 아이들은 감동하더라고요.

'우리를 소중하게 생각하시는구나' 하는 느낌은 말이 아니라 이러한 작은 손발품을 통해 전달되는 것 같습니다. 꼭 학기 초가 아니더라도 이런 마음으로 학생을 대하면 좋은 관계를 만들 수 있다고 생각합니다.

서로 소통 구조를 갖는 것도 중요합니다.
문자 메시지를 비롯하여 학급 카페를 통한 만남, 정성스런 상담 등을 통해 처음에 관계를 잘 맺으면 좀 가벼워 보여도 잘 호응해 주지 않던가요?
고등학교에는 자습 시간이 많아서 그 시간에 학급공동일기를 쓰고 있습니다. 좋더라고요. 서로 댓글 달기, 담임이 하고 싶은 말 마구 쓰기 등을 통해 저마다 지닌 개성도 알고 생각도 나눌 수 있었습니다. 시간이 흐르면서 담임이 하고 싶었던 말을 아이들 스스로 쓰는 일이 늘어나면서 학급은 저절로 굴러가는 듯했습니다.
담임이 학급 공동체의 한 사람으로, 때로는 길잡이 역할을 맡아 지내다 보니 자연스럽게 친근감 속에서 권위도 생겼습니다.

공동생활이니 만큼 학급 규칙을 정하는 것도 필요합니다.
저는 규칙을 최소화합니다. 무단지각과 결석, 교실 바닥에 쓰레기 함부로 버리는 것, 수업 시간에 휴대전화를 사용하다 들키거나 교과 선생님께 무례한 행동으로 학습 분위기를 깨는 것 정도로 정하고, 3회 이상 위반할 때 벌금을 내기로 했습니다. 4월 중순쯤 되니 어느 정도 정착이 되어 벌금은 자연스레 없어지더군요. 다른 문제가 생기면 학급회의를 통해 해결했습니다.
얼마 전에는 등하교 시간이 일정하지 않은 학생을 퇴학 처리하는 문제로 학급회의를 열었습니다. 뜻밖에 아이들이 스스로 나서서 당사자의 학교생활을 돕겠다고 해서 놀란 적이 있습니다. 그 얘기를 들은 뒤, 녀석도 조금씩 변하더군요.

저는 교사의 권위나 강압에 의한 일사불란함보다 차라리 만만해 보이는 게 낫다고 생각합니다. 숱한 규제와 지도를 받고 타율에 길들여지는 학생들을 생각하면, 학급에서만이라도 서로 존중해 주고 숨 쉴 수 있는 분위기가 되어야 하지 않을까요?
물론 정말 힘든 학생도 있지요. 그런 경우 담임 혼자 감당하느라 선량한 대다수 아이들에게 관심을 덜 갖거나 살벌한 분위기를 연출하지 말고 학생들 힘을 빌리는 것도 좋습니다. 책걸상까지 치워 놓고 '땡땡이'를 친 학생이 있었는데, 아이들에게 문자를 보내게 했더니 뒤통수를 긁으며 되돌아오더라고요. 학년부장이나 학생부로 넘길 경우, 담임과의 관계가 얼마나 손상되는지 잘 아시지요?

아이들은 아직 어리고, 배우는 학생입니다.
이들을 하나의 인격체로 보고 교육의 목적이 무엇인지를 생각해 볼 필요가 있습니다. 지시와 통제의 대상으로 본다면, 체벌이나 명령을 해야겠지요. 그러나 문제가 생길 때, 나는 아이들의 변화를 어떻게 '도울 것인가' 라는 원점으로 돌아와 생각하면 문제는 뜻밖에도 쉽게 풀리곤 합니다. 아이들은 자신들을 잘 이해해 주는 선생님을 제일 좋아한다고 하잖아요. 좋아하는 선생님 과목을 열심히 공부했던 기억, 선생님도 있지 않으세요?
아이들과 친하게 지내면서 서로 존중하는 아름다운 날들을 만들어 가시기를 기원합니다.

이인호 충남 아산 온양여고 교사

어리고 왜소한 여교사, 아이들이 만만하게 봐요

중3 과학을 담당하는 여교사입니다.
제가 어리고 체구가 작다고 깔보는 건지, 수업 시간에 아이들이 갈수록 말을 듣지 않습니다. 아이들과 친하게 지내겠다는 마음으로 친절하게 대해 주고, 원하는 것은 되도록 들어주려고 노력했습니다. 하지만 갈수록 아이들이 제멋대로입니다. 수업 시간에 휴대전화로 딴 짓을 하는 아이들을 지적하면 오히려 화를 내고 짜증을 냅니다. 수업 준비를 해 오지 않고도 "점수 깎으면 될 거 아니냐"며 뻔뻔한 얼굴로 대듭니다. 너무 시끄럽고 산만해서 혼을 내도 그때뿐입니다. 그런 아이들이 무서운 선생님 앞에서는 쥐 죽은 듯 조용히 앉아서 수업을 듣습니다. 이럴 때마다 무력감과 함께 심한 배반감까지 느낍니다.
저도 무섭게 나가면 아이들이 제 말을 들을까요? 매를 들까요?

선생님이 어리다고 말을 듣지 않는 게 아닙니다

요즘 아이들 추세가 그렇습니다. '오로지 공부'에 시달리는 요즘 아이들은 틈만 보이면 비집고 나가려고 합니다. 선생님만의 문제가 아니란 점을 이해할 필요가 있습니다. 이런 상황일수록 진심이 통하는 신뢰가 중요합니다.

저는 수업 중에 간간이 제 삶을 진솔하게 털어놓습니다.
자녀를 둔 가장, 아버지로서 이런저런 아픔과 갈등을 겪는다고, 그러면서 이따금은 일상적인 에피소드도 들려줍니다. 대부분 아이들은 동질감을 표하며, 때때로 진지하게 제 고민에 대한 나름의 해결책을 제시하기도 합니다. 그렇게 소통이 이루어지는 순간부터는 아이들을 '다루기'가 한결 쉬워집니다.

아이들이 말을 듣지 않는다고 화를 내거나 단체로 벌을 주는 것은 별다른 효과가 없습니다. 매는 일시적인 효과는 있을지 모르나 본질적인 문제 해결에는 오히려 방해가 됩니다. 물론 저도 아이들을 엄격하게 꾸중하고 나무랄 때가 있습니다. 힘을 앞세워 아이들을 괴롭히거나 자신은 물론이고 남에게 상해를 입힐 경우에는 따끔하게 꾸짖습니다.
그러나 가만히 살펴보면 아이들이 하는 '딴 짓'이나 돌출 행동은 대부분 '저 좀 봐 주세요' '제가 지금 몹시 힘듭니다'라는 일종의 신호입니다. 그럴 경우 아이들을 야단쳐서는 본질적으로 문제를 해결할 수 없습니다. 저는 쉬는 시간이나 등하교 시간에 슬쩍 불러서 사유를 묻고, 그런 행동 때문에 내가 몹시 마음이 아프고 괴롭다는 것을 전합니다.

수업 중에 아이들이 딴 짓을 하거나 방해 행동을 하면, 우선 화가 나는 것을 참고 아이의 이름을 부르며 "○○야, 그러면 안 되지"거나, 살며시 아이에게 가서 머리를 쓰다듬어 준다거나, 얼굴을 손등으로 비벼 줍니다. 휴대전화를 만지고 있을 때는 살며시 다가가서 "수업 중에는 곤란하지"하며 휴대전화를 아이의 서랍 속에 넣어 줍니다.

그런데도 행동 변화가 보이지 않을 때에는 그와 친한 친구들에게 협조를 구하기도 합니다. '누구 때문에 내가 몹시 괴롭고 힘들다, 그렇지만 나는 그 아이를 진심으로 사랑하고 그런 만큼 그 아이를 바르게 세우고 싶다'는 뜻을 전합니다. 그럴 경우 아이들은 선생님을 대신해 친구의 문제 행동을 고치려고 노력하는 것을 종종 보게 됩니다. 같은 또래 아이들이 함께 성장하는 과정이라고 볼 수 있습니다.

'너희들을 포기하지 않고 끝까지 사랑한다'는 교사의 일관된 행동과 마음을 유지한다면 분명 아이들은 선생님 품으로 돌아오리라고 확신합니다.

교실밖교사커뮤니티(eduict.org) '사랑' 선생님

단호할 때는
단호하게 대처해야

저 역시 교직경력 20년이 지난 지금도 가끔 아이들의 무례함에 당황하곤 합니다. 급속한 사회·문화적 변화를 감안하면 선생님께서 겪고 있는 홍역은 사실 누구에게나 있을 수 있는 일입니다. 더구나 단기간에 교정할 수 있는 내용도 아니고 학기 중에 획기적인 변화를 바랄 수 있는 상황도 아니라는 점을 먼저 이해하셔야 합니다. 아울러 아이들의 그러한 행동과 말씨를 단순하게 '버릇없음'으로 치부하여 생활지도의 관점에서만 살피려는 생각도 경계해야 합니다.

우선 아이들 문화를 이해하는 폭을 넓히는 것이 필요합니다.
아이들이 다른 선생님들께 어떻게 대하는지에 대해 지나치게 신경 쓸 필요는 없습니다. '나는 아이들과 어떻게 관계를 맺을까' 하는 차원에서 접근하는 것이 좋습니다. 어떤 경우라도 아이들과의 신뢰가 무너지지 않도록 하는 것이 중요합니다.
흔히 아이들의 무례함 때문에 교사와 학생의 관계가 극단으로 치닫는다고 생각하지만, 분석해 보면 교사의 부적절한 개입이 극단을 불러오는 경우도 많습니다.

제가 적용해 본 방법들 가운데 한 가지를 말씀드리겠습니다. 일단 학기 초에 아이들과의 관계를 설정하는 것이 중요합니다. 어디까지 허용하고 어디부터는 통제할 것인가에 대해 원칙을 정하십시오.

예를 들어 '수업 시간에 충실하기' '다른 사람의 수업을 방해하지 않기' '자리를 이동할 때에는 반드시 선생님 허락 받기'와 같은 원칙을 정할 수 있습니다. 사소한 것 같지만 이런 약속들을 통해서 아이들은 '질서가 필요하고 이것이 공부하는 데 필요한 최소한의 장치'라는 인식을 하게 됩니다.

수업 시간 휴대전화 사용은 개별 지도로는 효과를 보기 어렵습니다. 제가 근무하는 학교에서는 휴대전화 사용에 대해 교칙을 정해 놓았습니다. 이런 규칙을 정할 수 있도록 학교 측에 건의하세요. 교사들끼리의 공동 보조가 필요합니다.

문제가 있는 학생을 다른 학생들 앞에서 수시로 야단치고 지적하는 것은 큰 효과가 없더군요. 가끔 한 명씩 교무실로 부르세요. 면담을 요청하는 것입니다. 이때 주의할 점은 훈계를 하는 것이 아니라 그냥 대화를 나누는 것입니다. 공부하는 데 어려움은 없는지, 친구 관계는 어떤지……. 가능하면 이야기를 들어 주세요. 이런 방법을 적용하면 어느 정도 수업 분위기를 끌어올리는 데 효과가 있습니다.

아이들이 주목하는 것은 선생님의 신체적인 특징이 아니라 분위기입니다. '대단히 편안한 선생님이지만, 단호할 땐 단호하더라'라는 인식을 심어 주셔야 합니다.

교실밖교사커뮤니티(eduict.org) **'교컴지기' 선생님**

구부러진 길

이준관

나는 구부러진 길이 좋다.
구부러진 길을 가면
나비의 밥그릇 같은 민들레를 만날 수 있고
감자를 심는 사람을 만날 수 있다.
날이 저물면 울타리 너머로 밥 먹으라고 부르는
어머니의 목소리도 들을 수 있다.
구부러진 하천에 물고기가 많이 모여 살듯이
들꽃도 많이 피고 별도 많이 드는 구부러진 길
구부러진 길은 산을 품고 마을을 품고
구불구불 간다.
그 구부러진 길처럼 살아온 사람이 나는 또한 좋다.
반듯한 길 쉽게 살아온 사람보다
흙투성이 감자처럼 울퉁불퉁 살아온 사람의
구불구불 구부러진 사람이 좋다.
구부러진 주름살에 가족을 품고 이웃을 품고 가는
구부러진 길 같은 사람이 나는 좋다.

《꽃잎의 말로 편지를 쓴다》 도종환 엮음, 창비

궁합이 맞지 않는 반,
수업이 정말 괴롭습니다

중학교 교사입니다.
수업을 하다 보면 유독 코드가 맞지 않는 반이 있습니다. 어떤 반은 너무 산만해서 수업을 제대로 할 수 없고, 또 어떤 반은 기본 예의조차 지키지 않기 일쑤입니다. 그 반만 들어갔다 하면 수업이 엉키고, '웬수'가 따로 없습니다. 여러 반을 들어가다 보니 '나름의 특징을 보이는 것이겠지' 하며 마음을 다스려 보지만, 특정 학급에 대한 '불편함'은 잘 없어지지 않더라고요. 당연히 수업에 들어가는 것도 즐겁지 않고, 화도 잘 내게 되고, 수업 진도도 다른 반과 차이가 나기 시작합니다. 어떤 반은 성적이 떨어지기도 하니 아이들에게도 미안한 일입니다. 교사인 제가 흥이 나지 않는데 아이들이라고 즐거울 리 없을 겁니다. 이상하게 수업이 힘들고 꼬이는, 궁합이 맞지 않는 반과는 어찌 지내야 하는지 참 어렵습니다.

> **내 판단이
> 주관적이지 않은가
> 따져 보세요**

교과 교사로서 수업이 안 풀리는 것만큼 괴로운 일도 없습니다. 특히 특정 반과 관계가 악화되면 그 반 수업이 든 날은 출근길조차 유쾌하지 않습니다. 교사라면 누구나 그런 경험을 할 것입니다. 50분 수업이 마치 100분은 되는 것 같고, 수업을 끝내고 나오는 뒤통수도 따가운.

먼저 이런 상황에 대한 교사들의 인식이 과연 객관적인가를 생각해 봅시다.
교사들이 모이면 아이들 이야기, 학급, 학교 이야기를 벗어나지 않습니다. 그런데 가만 귀 기울여 보면 아이들을 대하는 시선이 다 다릅니다. 학급에 대한 평가도 제각각입니다. A교사에게는 '지옥' 같은 반이 B교사에게는 수업하기에 더없이 좋은 유쾌한 학급이기도 하고, B교사가 예의 없다고 질색하는 학급이 A교사에게는 발랄하고 적극적인 반으로 간주되기도 합니다. 100인 100색이란 말처럼 개인이나 학급에 대해서 갖게 되는 감정은 지극히 주관적이기 때문입니다.

선생님도 진지하게 분석해 보셨으면 합니다.
그 학급에 대한 생각이 과연 합리적인 것인가? 특정한 반에 대한 고정관념, 그리고 비합리적 신념 등을 점검해 보는 시간을 갖는 것이지요.
첫 시간의 경험이 지금까지 영향을 끼치고 있는 것은 아닌지, 내 수업 시간에는 최소한 이러해야 한다는 비합리적 신념이 내 안에 너무 강하게 자리잡고 있는 것은 아닌지, 혹 다른 반과 비교해서 그런 것은 아닌지, 아니면 특정한 몇몇 학생의 문제를 확대해석한 것은 아닌지······.
모두가 독립된 인격체이고 나름대로 독특한 색을 가지고 있다는 점을 이해하면, 그 상황에 대한 접근이 달라질 수 있습니다.

수업이 힘겨운 반은 일방적으로 진도를 나가서 새 단원을 가장 먼저 시작하게 되기도 합니다. 주제가 있는 특별 수업을 한번 해 보세요. 진도도 적당하게 조절할 수 있고 서로 마음을 여는 기회로 삼을 수도 있습니다. 물론 효과가 적을 수도 있습니다. 이럴 때는 교사의 굳은 의지가 필요합니다. 자꾸 시도하면서 먼저 마음을 열면 아이들도 조금씩 변합니다. 길게 봐야 합니다.

물론, 모든 선생님이 수업하기 힘들다고 입을 모으는 '공인 문제반'도 있습니다. 그렇다고 자꾸 그 반에 들어가서 "너희 반은 왜 그러니?"식의 이야기는 하지 않는 것이 좋습니다. 아이들은 그런 이야기를 매우 듣기 싫어하고, 아무 효과도 없습니다.
집단 내에서 정서의 전염은 굉장히 빠릅니다. 때문에 몇몇 아이들이라도 자기 반에 대해서 부정적인 생각을 갖기 시작하면 학급 분위기까지 나빠집니다. 누구누구 때문에 우리 반 전체가 그런 평가를 받는다는 억울함은 구성원간의 관계까지 악화시키곤 합니다.
자기 반에 대해 자긍심을 갖도록 유도하는 것이 중요합니다. 코드가 안

맞는 반일수록 누적된 미움을 버리고 가능한 칭찬거리를 찾아내는 지혜가 필요합니다. '이게 웬일이니?' 하는 식으로 말이지요.

담임 입장에서도 다른 교과 선생님들이 내리는 우리 반에 대한 나쁜 평가를 절대 아이들에게 전달하지 말아야 합니다. 교과 선생님과 아이들의 관계를 더욱 악화시킬 뿐입니다. 반대로 좋은 평가는 매우 효과가 있습니다. 따라서 담임이 중간자의 입장에서 교과 선생님의 나쁜 평가도 적절하게 좋은 표현으로 각색하여 전달하려는 노력이 필요합니다.
교과 선생님과 아이들의 관계 개선 차원에서, 아이들이 잘 모르고 있는 선생님의 장점이나 실력에 대해 알려 주는 방법도 좋습니다.
'짜고 치는 고스톱'이라는 말이 있지만, 그것이 관계 개선을 위한 것이라면 각 교사들의 좋은 점을 아이들에게 부각시켜 주는 것은 절대 낯간지러운 일이 아닙니다.

배경숙 서울 진명여고 교사

> 마음속의
> **'미움과 짜증'을**
> 버리세요

특정 학급에 대한 편견은 여러 요인이 있겠지만, 무엇보다 첫인상이 관건이 될 때가 많습니다. 3월 한 달 동안 만들어지는 서로에 대한 느낌과 태도가 1년을 좌우하기도 합니다.

교사가 먼저 깔끔하면서도 편안하게, 위엄을 가지면서도 경직되지 않게 다가갈 필요가 있습니다. 첫 시간부터 너무 유화적인 제스처로 시작하는 경우, 한두 달이 지나면서 회복하기 어려운 처절한 상황과 맞닥뜨릴 수 있습니다. 오히려 처음에는 원칙을 세우고 수업 진행을 긴장감 있게 하는 편이 낫습니다.

또한, 교실에서 한 해의 성공과 실패는 이듬해까지 이어질 때가 많습니다. 성공이 계속되면 좋겠지만, 실패가 거듭된다면 고착화되기 전에 원인을 진단하고 처방하여 치유해야 합니다. 그렇지 않으면 만성화로 가기 쉽습니다.

관계가 좋지 않을수록 아이들의 평가에 귀를 기울여야 합니다.

학급 홈페이지나 학교 커뮤니티 등을 활용하면 평소 아이들이 가지는 불만과 바람을 대략 알 수 있습니다. 내일 그만둘 것이 아니라면 고통스럽더라도 듣고 읽어 분석해야 합니다.

수업 시간 배치도 중요한 요인이 됩니다.

수업 효율이 오르지 않는 5교시나 1교시 수업이 많은 반은 분위기를 살리기가 매우 어렵습니다. 그럴 때에는 수업계와 상의하여 수업 시간대를 조정해야 합니다. 수업의 성공은 아주 사소한 것에서 비롯되기도 합니다. 아이들은 교사의 말 한 마디에 용기를 얻기도 하고, 돌이키기 어려운 상처를 입기도 합니다. 치유 역시 세 치 혀로 이루어집니다. 재미있는 이야기를 들려주어 분위기를 쇄신해 볼 수도 있고, 수업 시간마다 그 반에 있는 한두 학생을 칭찬하거나, 다른 반 수업 시간에 '문제가 있는 특정 학급'에 대하여 간접적으로 칭찬하는 방법도 생각할 수 있습니다.

그러나 무엇보다 중요한 것은 마음속의 '미움과 짜증'에서 벗어나는 일입니다. 교사와 관계가 어긋나면, 아이들에게도 지겨운 시간이 되어 극도로 스트레스를 받게 됩니다. 아이들은 똑같은 자리에 앉아 하루 예닐곱의 저마다 다른 선생님을 맞아 최대한의 '모범'을 요구받습니다. 신이 아닌 이상 아이들이 모든 시간에 '입 안의 혀'처럼 굴 수는 없습니다. '너희들 얼마나 힘드니'라는 교사의 배려 깊은 태도가 아이들에게는 더없는 위로가 됩니다. 이러한 '우호감'이 쌓이면 아이들은 선생님의 진심에 마음을 엽니다. 물론 짧은 시간에 이루어지지는 않습니다.

강폭을 좁히면 물살이 거세게 흐르고, 강폭을 넓히면 물살은 조용하고도 평온하게 흐릅니다. 미움을 버려야 강폭이 넓어집니다.

김현식 경북 포항 대동중 교사

교사에게 욕하며 '개기는' 아이, 어떻게 대처합니까?

고1을 가르치는 여교사입니다.
수업 시간에 늘 산만한 아이가 또 딴청을 부리며 장난을 치고 있더군요. 주의를 줘도 그때뿐이고, 내내 휴대전화를 만지작거리며 다른 아이들에게 말을 걸기에 휴대전화를 들고 앞으로 나오라고 했습니다. 그런데 짜증 난다는 표정으로 머뭇거리기에 얼른 두고 들어가라고 재차 다그쳤습니다. 그러자 교탁에 휴대전화를 탁 내려놓으면서 "×발"하며 돌아서는 것입니다.
순간 머리가 멍해졌습니다. 아이들이 다 보고 있던 상황이라 가만두면 안된다는 생각을 하면서도, 너무 당황스러워 그냥 자리로 들여보내야 했지요. 아직도 이 사건을 어떻게 처리해야 할지 고민입니다. 며칠 동안 잠까지 설쳤습니다.

> 스스로를
> 단련시키는
> 기회로 삼으세요

예전 제 모습이 생각나네요.

저 역시 '이 싸가지 없는 놈' 하면서 엄청나게 흥분했지요. 그런데 지금은 조금 여유가 생겼습니다. 순간 치밀어 오르는 감정을 어느 정도 참을 수 있게 되었다는 말입니다. 사실 그 순간에 감정을 억누르는 것만이 잘하는 일인가, 바로 받아치지 않으면 다른 아이들도 나를 우습게보지 않을까, 하고 걱정하는 것은 당연합니다.
그런데 지금까지 제가 겪어 본 바로는 그 '사건'을 지켜보는 아이들 역시 상황에 따라 다른 판단을 내리는 것 같더군요.

— 샘이 저러니까 쟤도 저렇지.
— 선생님한테 저러다니. 쟤, 너무 심한 거 아냐?

물론 그 기준은 교사가 어떻게 대응하는가에 달려 있습니다. 아이들도 그 행동이 그르다는 것 정도는 알고 있다는 말입니다.
어떻게 대응해야 '약발'이 있을까요?
무차별 공격을 퍼부어 줄 수도 있고"이 새끼, 죽고 싶어 환장했어?" 언성은 낮으나 조목조목 따질 수도 있습니다"니가 잘못했다는 것을 내가 알려 주마". 잠시 수업을 멈추고 가만히 있거나"너희들 스스로 생각해 봐라. 지금이 어떤 상황인지!" 수업권으로 위협하거나"나는 성질나서 수업 못하니까 너희들이 알아서 해 봐" 담임에게 말하거나 부모를 부를 수도 있지요. "자식 교육을 어떻게 시킨 겁니까?"
중요한 것은, 어떤 방법이든 교육 효과를 거두어야 한다는 것입니다. 그런데 이런 방법들은 역효과가 나기 쉽습니다. 교육 효과를 거둘 수 있는가 여부는 교사의 마음이 어디를 향하고 있느냐에 달려 있습니다.
선생님의 마음은 어디를 향하고 있나요?
보통 분풀이거나"니가 나를 성질나게 했으니까 응징하겠다" 교사의 권위 세우기"니가 감히 나에게 도전해!" 다른 아이들에게 경각심 일깨우기"잘 봐. 너희들도 그러면 이렇게 된다"로 향하기 쉽습니다. 정말 아이를 위한 마음에서 "네 그런 행동은 정말 옳지 않은데, 내가 네 도우미가 되어 주마"라고 하는 게 맞겠지만, 이미 흥분지수가 높아져 뜻대로 마음이 움직여 주질 않습니다.

정말로 도우미가 되어 주고 싶은 마음은 여유, 즉 '교육얼'이 바탕이 될 때 생겨납니다. 교육얼이란 '나는 왜 교육을 하는가' '내게 아이들은 무엇인가' '지금 이 아이들의 성장 단계는 어느 지점이며, 나는 어떻게 개입해 들어갈 것인가'라는 질문에 대한 총체적인 답이 아닐까 생각합니다. 당장 이 당혹스러운 상황을 해결하는 것도 중요하지만 장기적으로 내가 어떤 교사로 성장할 것인가, 스스로를 단련시키는 기회로 삼는 게 중요하다는 말입니다.
이러저러한 상황들이 모두 나를 성장시키는 과정이라는 생각으로 여유롭게 바라보세요. 그런데도 야단을 칠 수밖에 없는 상황이라고 결론을 내린다면, 아이들도 그것을 공감하고 있을 것입니다.
하지만, 정말 문제 있는 교사가 아니라면, 아이들은 그런 상황을 절대 의도적으로 계획하지 않습니다. 대부분 우발적이고 충동적인 실수라는 것을 꼭 염두에 두셔야 합니다.

그러면 지금 저는 어떠냐고요?
사실, 지금도 제 머리는 돌아 버립니다. 엊그제 급식실에서는 이런 일도 있었습니다. "너 왜 줄 안 서? 뒤로 가!" 했더니 "에이 ×발, 안 먹어"라며 급식실을 나가더군요. 그 아이 뒤통수에다 대고 "뭐? 안 먹는다고? 놀고 있네~. 샘 교실에 영양갱 있으니까 들려!"라고 소리쳤습니다.
올까, 안 올까 초조해하고 있는데 그 녀석이 쑥 들어오면서 "제가요, '욱' 하는 성질이 있어서요, 그게 조절이 잘 안 되거든요" 하더군요. 저도, "됐어, 임마. 영양갱이나 먹어라" 하고는 끝냈습니다.
머리가 돌지 않도록 무지하게 애쓰며 발버둥 치고 있습니다.
이 발버둥이 언제 끝날까요? 저는 영원히 안 끝난다고 봅니다. 그것을 인정하는 게 초연하게 이런 사건을 받아들일 수 있는 첫 번째 조건일 것 같습니다.

박춘애 광주 금당중 교사

때로는 눈감아 주는 것도 방법입니다

누구든 그런 상황과 맞닥뜨리면 가슴이 쿵, 합니다. 처음 당하는 경우라면 더욱 그렇지요. 그러나 선생님께서 먼저 마음의 여유를 가지셔야 합니다.

'강한 자에게는 여유가 있다' 라는 말이 있습니다. '욱' 하기 쉬운 게 아이들입니다. 아이들이 욕할 만한 상황을 만들지 않는 것이 제일 좋겠지만, 혹시라도 아이들이 실수로 욕을 내뱉는다면 웬만한 것은 모른 척 넘어가며, 받아 줄 수 있는 여유를 가지셔야 합니다. 보통 아이들은 자신도 모르게 불쑥 욕을 내뱉어 놓고, 스스로도 많이 당황스러워 하거든요. 그리고 아이들도 저 혼자 반성할 줄 압니다.

아이들이 심하게 떠들거나 장난칠 때, 조용히 바라보고 있는 것이 끊임없이 지적하고 꾸중하는 것보다 큰 힘을 발할 때가 있습니다. 휴대전화나 만화책의 경우도 눈 한번 마주치고 싱긋 웃으며 넘어가는 것이 압수하는 것보다 효과가 있지요. 잘못한 아이를 불러서 꾸중하기보다 나를 도와줬으면 좋겠다고 부탁하는 것이 아이의 행동을 훨씬 잘 변화시킵니다.

요즘 저는 침묵의 힘을 새삼 느낍니다.
수업에 들어가면 아이들이 조용히 할 때까지 그냥 두고 지켜봅니다.(길게 느껴지지만 2, 3분을 넘어가지 않습니다.) 조용해지면 "이제 다 떠들었나요?"하고 묻고 수업을 시작합니다. 간혹 "덜 떠들었는데요"하며 장난치는 아이들도 있는데, "그럼 더 떠드세요"라며 시간을 더 줍니다. 그러면 잠시 뒤 이제 다 떠들었다며 조용해집니다. 떠드는 아이를 조용히 바라보고 있으면 주위 아이들도 그 아이를 조용히 시키지요.

욕도 마찬가지입니다. 당하는 선생님이야 불쾌하겠지만, 아이가 악의를 가지고 하는 행동이 아니라면, 받아 줄 수 있는 한 최대한 받아 주시고 이해하려고 하세요. 마음의 여유가 차분함을 회복시켜 줍니다.

저는 한 달에 한 번쯤 교도소로 방송통신고 수업을 하러 갑니다.
여기서는 수업 시간에 편지를 써도 잡지를 봐도 일단 그냥 둡니다. 일요일에 텔레비전을 보며 편히 쉬어도 될 텐데, 그래도 수업을 받겠다고 나온 게 기특하거든요. 그럴 때면 간혹 관심 있는 이야기를 할 때면 열심히 듣는 모습도 보입니다. 몸에 있는 흉터나 문신까지도 귀엽게 보입니다. 우리 아이들도 그런 시선으로 바라봅시다. 아이들은 어쩌면 그 험한 말을 내뱉고 난 뒤 교사보다도 더 많이 속앓이를 하는지도 모르거든요. 속상해 하는 아이들을 몰아세우면 오히려 튕겨져 나가기 일쑤지요.

최원석 경북 구미 상모고 교사

아이들이 "딱 한 번만"이라며 부탁해 옵니다

> 아이들과 비교적 잘 지내는, 중3 담임입니다.
> 담임을 하다 보면 가끔 "딱 한 번만"이라는 단서를 달고 '구원'을 요청하는 아이들과 맞닥뜨리게 됩니다. 이를테면 학원 빠진 거 들통 나면 엄마에게 혼나는데 오늘은 선생님과 상담을 했다고 둘러댈 것이니, 혹시 엄마가 전화하면 그렇다고 대답해 달라는 식입니다. 그 시간에 무엇을 할 거냐 물어보면 저희들 딴에는 나름대로 사연이 간절합니다. 친구들과 싸운 거 화해 삼아 노래방을 간다거나, 아니면 나중에 말씀드리겠다며 꼭 필요한 일이라고 합니다. 그래도 제 편이라 믿고 담임을 찾아온 것인데, 딱 잘라 거절하기도 그렇고 들어주자니 뭔가 찜찜하고. 그렇다고 원칙적인 해결책을 내세워 설득하려고 하면, 어른들은 다 똑같다며 심드렁한 눈빛으로 돌아섭니다.
> 어떤 것이 잘하는 것인지 판단하기 참 어렵습니다.

> **습관이 될 경우엔
> 단호히
> 거부하세요**

일상 생활지도를 하다 보면 가끔 친분을 앞세워 다소 무리한 부탁을 하는 아이들을 만나게 됩니다.
부탁해서는 안 될 문제나 좀 심각하다 싶은 것은 애당초 들어줄 여지가 없지만, 어느 정도 사소한 일(도서실에서 딴 짓을 하며 시간을 보내 놓고는 담임에게 혼날지도 모르니까 자기랑 상담한 것으로 해달라는 식의)이라면 한두 번 융통성을 발휘하여 들어주곤 합니다. 하지만 한두 번 들어줬다고 계속 찾아오는 아이들의 부탁은 단호히 거절합니다.

아이들이 처음 부탁할 때부터 조금은 조심스럽게 대처해야 합니다. 아이들 부탁에 "오늘은 사정이 다급해 보이니 일단 들어주지만 다음부터는 이런 부탁 안 들어줄 테니까 아예 하지 마라"라며 주의를 주어야 합니다. 하지만 아이들은 대개 다시 찾아와 부탁을 합니다. 이럴 때는 단호히 말해야 합니다.
"이젠 못 들어준다. 선생님께 가서 혼나라."
하지만 이때 아이를 붙잡고서 부탁을 못 들어주는 이유를 차근차근 설명하는 것은 위험합니다. 아이와 말이 되는지 안 되는지 시시비비를 가리다 보면 자칫 서로 수렁에 빠져들 수 있습니다. 이럴 때에는 아이가 기분 나쁘지 않을 범위 안에서 부탁을 못 들어주는 합리적인 근거를 짧고 굵게 이야기하고 헤어져야 합니다.
물론 아이들은 달라진 교사의 모습에 삐치기도 할 겁니다.

이런 일일수록 사후 작업이 중요합니다. 다음 날 지나가다 만났을 때 한 번 웃어 주고 말도 걸어 주면서 아이의 기분을 달래 줍니다. 저도 남에게 불편한 느낌을 받았을 때, 다음 날 그 사람이 먼저 웃으며 말을 걸어 주면 대개 풀리곤 합니다. 아이들도 마찬가지입니다.

아니면 "인생이란 원래 이렇게 힘든 일도 있는 거야. 오늘 일을 통해 네가 조금 더 성장했으면 좋겠다"라는 문자 메시지를 보내 주는 것도 좋습니다. 이러면 뾰로통해서 돌아간 아이도 다음 날 웃는 얼굴로 먼저 말을 걸어오기도 합니다.

우리는 아이들이 생각도 짧고 어리다고 하지만 아이들도 나름대로 무엇이 옳고 그른지, 지금이 어떤 상황인지 판단할 줄 압니다.

한두 번 학교 담장을 넘는 건 그 나이 때에는 나름대로 낭만으로 보일 수 있지만, 자주 넘게 되면 문제가 발생합니다. 마찬가지로 아이들의 무리한 부탁을 제때 뿌리치지 못하면 아이들은 습관적으로 계속 부탁할 수 있습니다. 중요한 것은 습관으로 남지 않도록 미리 설득하고 이끌어 주는 것입니다.

송승훈 경기 광동고 교사

비밀을 나누면서 **책임과 희망도** 나눕니다

토요일이면 가끔 돈을 빌리러 오는 녀석이 있습니다. 집에 갈 차비가 없다고 합니다. PC방에서, 매점에서 놀다 보니 다 써 버렸다고 합니다. 만약 제가 빌려 주지 않겠다고 하면 녀석은 어떻게 집에 갈 생각인지. 분명 친구나 담임에게 변통하지 못했으니까 결국 제게 왔을 텐데, 그거 참……. 게다가 이 녀석은 가끔 약속과 달리 갚을 날을 넘기기도 합니다.

오늘도 교문 앞에는 몇몇 아이들이 제 차를 기다리고 있을 겁니다. 같은 방향으로 가는 녀석들이 차비를 아끼려고 태워 달라는 거죠. 그렇게 아낀 돈으로 아이스크림이라도 하나 사 먹을 수 있다면 얼마나 기분 좋겠습니까. 하지만 한번 태워 주기 시작하니 이젠 서로 타려고 난리입니다.

잘못된 부탁인 줄은 아이들도 알고 있습니다.

안 들어줘도 그만이라는 생각으로, 혹은 선생님 머리 꼭대기에 올라가 이용해 먹겠다는 생각으로 부탁했다 하더라도, 우리 아이들은 아무에게나 그런 부탁을 하지는 않습니다. 믿고 싶고 편하다고 생각하는 선생님께 깊이 생각해 보지 않고 부탁할 만큼 아이들은 철없고 순진합니다. 선생님이 알리바이를 제공해 준다면 다른 고민과 걱정에서 해방된다는 그런 영악한 생각조차, 겁이 나지 않으니까 하는 겁니다. 조금이라도 마음에 걸린다면 차라리 친구에게 부탁하거나 대책 없이 행동하는 것이 훨씬 나을 테니까요.

현실적으로 스승과 제자 사이에는 높고 단단한 벽이 놓여 있습니다. 그래서 아주 가까운 관계에 있으면서도 거리감을 느낍니다. 아이들에게 우리 교사는 분명 '가까이 하기엔 너무 먼 당신'입니다. 그러나 이 벽은 허물어뜨릴 수 있습니다. 교사가 먼저 달려들면, 그 모습을 보고 아이들도 따라 달려듭니다. 난공불락처럼 보이는 이 벽을 허물어뜨린 성공 사례는 많습니다. 그래서 우리는 희망을 갖는 것입니다.

① 잘못된 부탁일지라도 무조건 믿고 들어준다.
② 아이 스스로 그 행동의 잘잘못을 깨닫게 된다.
③ 그런 부탁을 하지 않는 행동의 변화를 보인다.
④ 사제 관계가 상호 신뢰와 사랑으로 맺어진다.

이런 식으로만 된다면 얼마나 좋겠습니까? 하지만 그렇게 될 것이라는 확신을 갖기는 어렵습니다. 고통스럽기도 하고 때로는 용기도 필요합니다. 그래서 저는 우선 (성에 차지는 않지만) 이런 어려움을 아이들과 함께 나누어 가지는 현실적인 방법으로 대응하곤 합니다. 비밀도 함께 나누고, 책임도 함께 나누고, 희망도 함께 나누는 것입니다.
"이런 부탁을 내게 해 주니 선생님은 참 고맙고 행복하다. 너에게 선생님이 인정받은 것 같기 때문이다. 장난삼아 부탁한 것이 아니고, 네가 부탁하는 것이 옳은 일은 아니라는 건 너도 알고 있으리라 믿는다. 그래, 네 부탁을 들어주마. 그런데 선생님은 솔직히 걱정스럽다. 왜냐하면 선생님의 처지와 입장에 대한 논리적 설득 때문이다. 이해해 줄 수 있겠니? 그리고 너를 믿어 주는 나를 실망시키지 않겠다고 약속해 준다면 조금은 마음이 편할 것 같구나."

어찌겠습니까! 아직까지는 이런 부탁이라도 하기 위해 저를 찾아오는 녀석들이 고맙고 귀엽게 보이니 말입니다. 그렇게 잘 지내는 선생님이 부럽고 시샘이 나니 말입니다. 매사 딱 잘라 무조건 "안 돼"라고 매정하게 거절하지 않는 그런 선생님이 되길 바랍니다.

송춘길 경북 구미 선산고 교사

나는 교사다. 교사는 누군가를 이끌어 주는 사람이다.
여기엔 마법이 있을 수 없다. 나는 물 위를 걸을 수도 없으며,
바다를 가를 수도 없다. 다만 아이들을 사랑할 뿐이다.

— 마바 콜린스

아이들에게 물질적 보상을 하는 게 옳을까요?

중학교 1학년 담임입니다.
학급운영이나 교과수업 중에 동기를 유발하려고, 혹은 보상책으로 작은 선물(매점이용권 같은)을 주곤 합니다. 물론 이런 보상에 많은 학생들은 매우 왕성한 의욕을 보이지만, 몇몇 학생들은 반응을 보이는 친구들을 유치하게 여기거나 이해할 수 없다는 태도를 보이기도 합니다.
사실, 저도 아무 때나 매점이용권을 달라고 조르는 아이들을 보면서, 물질적인 보상책이 과연 교육적인가 하는 회의가 생기기도 합니다.
올해 담임을 하면서 또다시 같은 문제에 부딪치게 될 텐데, 이런 식의 물질 보상(혹은 점수)이 과연 교육적인 것인지, 아니면 좋은 대안이 있는지 조언을 듣고 싶습니다.

> 가벼운 보상책이
> **본래 의미를**
> 퇴색시킬 수 있습니다

제 이야기를 해 보겠습니다.

수업 시간마다 두 사람씩 순서를 정해 진행하는 말하기 평가 때였는데, 아이들이 자기 순서를 미뤄 한없이 늘어지게 되었습니다. 그래서 "모두가 순서를 미루지 않고 이 평가를 마치면 맛있는 것을 사 주겠다"고 제안했습니다. 자연히 아이들은 순서를 미루는 아이가 하나라도 나올까 봐 보이지 않게 혹은 드러내 놓고 서로에게 압력을 가하게 되었고, 그 반은 정해진 시간 안에 말하기를 끝냈습니다. 아이들은 맛있는 음료수와 과자를 받았지만 저는 뭔가 불순한 의도를 개입시킨 것 같은 낭패감이 들었습니다.

또 제일 잘한 모둠에게 상품을 주겠다며 시작한 학년 말 독서 릴레이의 경우, 제일 잘한 모둠이 판가름 날 때가 되자 나머지 모둠들은 모두 '물 건너 간 상품'을 깨끗이 포기하고 책을 읽어야 하는 부담에서 가볍게 벗어나는 결과를 빚고 말았습니다. 그 상황에서 '그래도 함께 책을 읽어야 하지 않겠느냐'고 다시 말할 수는 없었습니다.

한번은 지각생 때문에 끙끙 앓고 있는 저에게 다른 반 선생님이 "벌금 제도로 간단하게 문제를 해결하라"고 조언하시더군요. 지각을 왜 해서는 안 되는지에 대한 학생 스스로의 반성 없이 그저 벌금 때문에 시간에 맞춰 오게 만드는 것은 교사와 학생 모두를 결과에 매달리게 하는 일이라고 생각합니다. 저는 지금도 그 문제를 가지고 아이들과 길고 긴 실랑이를 하고 있습니다.

학급운영이나 수업을 하면서, 학생들의 적극적인 참여를 이끌어 내기 위해 이런저런 궁리를 하지 않는 교사는 없을 것입니다. 해결책으로 사탕이나 점수 같은 보상책을 쓰는 경우가 있지요. 이런 눈에 보이는 자극은 어느 정도 상황을 개선시키는 면이 있다고 봅니다.
그러나 끝까지 '모두'를 데리고 가야 하는 게 교육이라면 힘들더라도 그 자체의 의미를 끊임없이 설득하고, 꼼꼼하게 챙기며, 학생들의 작은 반응을 찾아서 칭찬하는 방식 외에 다른 대처 방안은 없다고 생각합니다.

이제는 고전적인 방법에 속하지만, 지난 제 학급운영 경험에 비춰볼 때 모둠일기장에 일일이 답하며 소통하려는 교사에게 아이들은 여전히 관심을 보입니다.
또한 수업 시간에 과제를 낼 경우, 그저 던져 주고 해내라는 식보다 교사가 먼저 과제 수행의 본을 보이는 시도(예컨대 함께 영화를 보고 감상문을 써서 읽어 준다든지, 소설 쓰기를 먼저 해서 함께 읽어 보기)가 지금까지 제가 해 본 방법 가운데 학생들이 가장 적극적으로 참여한 사례입니다. 특히 학생들의 과제 하나하나를 보고 간단하게라도 잘 된 점이나 그렇지 못한 점을 짚어 주는 일은 반드시 해야 할 일이라고 생각합니다.
저는 교사가 몸과 머리를 움직이는 만큼, 학생들의 참여가 뒤따른다고 믿습니다.

교사가 학생을 만나는 방식은 우리가 일상에서 맺는 여느 관계들과는 다른 것이어야 합니다. 너무나 익숙한 공간이어서, 또는 누구나 가지고 있는 경험이기 때문에 일상처럼 여겨지기도 하지만, 학교와 교실은 아주 특별한 공간입니다. 그 속에서 교사와 학생은 아주 특별한 행위를 하고 있습니다.

사람과 사물에 대해 질문하고 그 답을 이리저리 궁리하는 과정을 통해 새로운 눈으로 세상과 자연을 보게 되는 일, 그 일을 우리는 '교육'이라는 이름으로 하고 있습니다.

눈에 보이는 보상책으로는 그 일을 온전히 행할 수 없습니다. 오히려 그 의미를 지극히 가벼운 것으로 치부하고 마는 결과를 초래하는 것은 아닌지 모르겠습니다.

교사라면, '사탕을(또는 점수를) 주겠으니, 이것을 하지 않겠느냐?'는 '거래'를 해서는 곤란하다고 생각합니다. 학생들과 대면하고 있는 교사의 삶이 어차피 끊임없는 성가심의 연속일 바에야, 그 성가심을 기꺼이 받아들이는 용기를 갖자고 말씀드리고 싶습니다.

이애자 부산영상예술고 교사

> 보상을 하더라도
> **꼭 '마음'**을
> 담으세요

제 옆자리에는 아이들에게 사탕을 주는 선생님이 계십니다. 참 우습죠. 수염이 시컴시컴난 그 녀석들, 고등학교 남학생들인데도 사탕 먹기를 아주 좋아하더라고요. 아마 사탕의 달콤함만이 아니라 재미있는 선생님과 신나는 수업에 대한 환호가 아닐까 생각해 봅니다.

사탕이나 물질이 문제는 아니겠지요. 사탕을 주는 사람이 '이상 보상 끝'이라고 생각하며 줄 때 그 사탕은 독이 되고 마음의 이를 썩게 만드는 것이 되지만, 사탕이라는 형식으로 표현되는 선생님의 마음이 담긴 칭찬과 사랑이 전해진다면, 아무리 먹어도 이를 해치지 않는 건강 사탕이 되겠지요.

가끔은 저도 이런저런 선물을 줄 때가 있습니다.

언제인가 과학 수업 시간에 경품을 내건 적이 있습니다. 그 반 교실 창밖에 키 큰 포플러 나무가 몇 그루 있었습니다. 바람이 약해도 유독 포플러 잎사귀는 잘 흔들립니다. 왜 그럴까요? 포플러 잎사귀의 잎몸과 줄기를 연결하는 잎자루의 생김새에 원인이 있습니다. 나무 밑에 떨어져 뒹구는 잎사귀 하나만 잠시 살펴도 금방 '아!' 하고 알 수 있습니다. 하지만 아이들은 자연현상에 그런 의문을 잘 갖지 않습니다. 혹시 생겼더라도 진지하게 탐구하고 관찰해서 풀려고 하지 않지요. 그래서 그 반 아이들에게 1주일을 주고 '포플러 나뭇잎이 바람에 잘 흔들리는 이유'를 직접 관찰한 뒤 답을 찾아낸 학생에게 빵을 사 주기로 했습니다.

정말 보상을 해야 하는 경우도 있습니다.

한 학기가 다 끝나갈 무렵이면 저는 수고한 회장과 부회장에게 5천원짜리 도서상품권이라도 줍니다. 기특한 일을 한 학생을 반 아이들 앞에서 칭찬할 때도 뭔가를 준비해서 줍니다. 학급문집처럼 여럿이 수고했을 때는 편집팀을 집에 불러서 밥이라도 배불리 먹입니다.

사탕이 필요하다고 생각하는 분은 사탕을 활용하면 됩니다. 하지만 사탕에 마음을 담으세요. 아이들이 사탕을 먹으면서 선생님의 진심을 깨달을 수 있다면 아주 좋은 수업재료가 될 수도 있으니까요.

이상이 '사탕발림'(?) 수업에 대한 제 의견입니다.

김추령 서울 경동고 교사

교사의 첫 번째 의무는, 수업이 끝난 뒤 학생들이 그들의 노트 갈피에 살짝 끼워 오랫동안 간직할 수 있는 순수하고 진실한 가치를 건네주는 것이다.

— 버지니아 울프

문제아만 감싼다며 아이들이 차별 운운합니다

대학 시절 야학교사를 하면서 가난이나 여자라는 이유로 어렵게 살아온 또래 아이들과 지낸 경험이 있었습니다. 첫 발령지도 경제적으로 낙후한 지역이었습니다. 그래서인지 제 눈은 늘 형편이 어렵거나 바깥으로 겉도는 아이들에게 먼저 향했습니다. 무단결석을 밥 먹듯 하던 영철이, 장난이 심해 시간마다 혼나는 동희, 청소 땡땡이 도사 광영이……. 지난해 담임선생님들이 그렇게 진저리치던 아이들이 우리 반에 모두 모여 있습니다. 말썽 많고 부족한 아이들, 그래도 모두 다독이면서 5월까지 왔습니다. 힘닿는 대로 최선을 다했습니다. 그러던 어느 날 생각지도 못한 아이에게 쪽지를 받았습니다.

"선생님은 문제아만 편애하고, 나름 열심히 하는 아이들에겐 눈길 한 번 안 주시네요."

가슴이 '쿵' 했습니다. 정말 문제 아이들에게만 집중하고, 다른 아이들에게는 신경을 못 쓴 것이 아닌가 싶어 가슴이 아팠습니다. 더 주고 덜 주고를 효율적으로 조절하면서 더 많은 아이들을 보듬을 수 있는 길……. 어떤 접근 방식이 좋을까요?

> **먼저 아이들에게 동의를 구하세요**

교사가 슈퍼맨이 아닌 바에야 교실에서(그것도 40명이 넘는) 단 한 아이도 소외시키지 않고 골고루 사랑을 준다는 것이 말처럼 쉬운 일은 아닙니다.
이미 많이 가진 아이에게 조금 적게 나누어 주고, 그 남은 것으로 적게 가진 아이에게 하나를 더 주는 것이 오히려 평등을 지향하는 방법일 수도 있습니다. 그런 경우, 먼저 아이들에게 동의를 구하는 것이 순서겠지요. 자칫 편애 시비를 불러올 수도 있고, 그 때문에 학급 질서 자체가 무너지기도 하니까요.

지난해 우리 반에는 단골 지각생이 둘 있었습니다.
늦잠 자는 습관을 고치지 못한 터에 부모가 함께 살지 않거나 아침 일찍 직장을 나가서 깨워 줄 사람이 없는 아이들입니다. 그들에게 매를 대거나 미움의 시선을 던지기보다는 스스로 잘못된 습관을 고쳐 나가도록 꾸준한 관심을 가지고 지도하는 것이 바람직합니다. 그러다 보면 조금만 일찍 등교를 해도 저도 모르게 반가운 기색을 보이고 맙니다. 그것이 다른 아이들에게 차별로 비춰질 것 같아 이런 말을 해 준 적이 있습니다.

"날마다 1교시가 끝나면 지각생 보고를 해야 하는데 그 때문에 선생님이 받는 스트레스는 말도 못하게 큽니다. 그래도 제가 미운 마음을 먹지 않는 것은 여러분이 이렇게 학급을 잘 지켜 주고 있기 때문입니다. 만약 지각생이 서너 명으로 늘어난다면 저도 어쩔 수 없이 매를 들게 되고 지각하는 아이들에게도 미운 마음을 품겠지요. 그래서 여러분이 너무 소중하고 고맙습니다. 솔직히 때로는 미운 생각이 들기도 합니다. 여러분 가운데도 힘들지만 누구보다도 생활에 충실하려고 노력하는 학생들도 많기 때문입니다. 가정이 어렵다고 자기 행동에 책임을 지지 않는 것은 잘못입니다. 다만, 여러분보다 부족한 부분이 있어서 선생님이 조금 더 기다려 주는 것뿐입니다. 선생님이 잘하고 있는 거지요?"

어찌 보면 반 아이들에게 동의를 구하고 지각하는 아이들을 지도하고 있는 셈인데, 담임인 제가 이렇게 솔직하게 마음을 털어놓으면 아이들도 마음을 열고 "예"라고 대답하면서 눈을 반짝이기도 하고 고개를 끄덕여 주기도 합니다. 말로 천 냥 빚을 갚는다는 옛말이 있지요. 일일이 시간을 나누어 줄 수 없는 아이들에게는 진심 어린 말로 다독이고 설득하면 아이들도 거기에 반응하기 마련입니다. 문제가 발생하기 전에 이런 예방 조치가 필요하지요.

아침마다 눈을 맞추며 이름으로 출석을 부르는 것도 눈에 잘 띄지 않는 아이들을 소외시키지 않는 한 방법입니다. 자리에 없는 아이들의 이름만 확인하고 출석부를 덮는 것은 조용하고 착실한 아이들을 칭찬할 기회를 놓치는 셈이 되고 맙니다. 결석을 하거나 지각을 자주 하는 아이들에 대한 분풀이가 아무 죄 없는 착실한 아이들에게 돌아가는 경우도 허다한데, 바로 그 순간 아이들 불만의 골은 더 깊어집니다.

담임을 하다 보면 아이들과 자주 눈도장을 찍는 것만큼 든든하고 안전한 일이 없다고 생각합니다. 아이들 존재에 대한 눈뜸이 없다면 교사의 사랑도 관념적일 수밖에 없지요.

아이들과 자주 메일을 주고받으면서 집안 문제로 힘든 아이의 사정 이야기를 슬쩍 들려주는 것도 좋습니다. 급우들이 잘 모르는 아이의 장점도 함께 들려주면서 좋은 친구가 되어 주기를 부탁하면, 모범적이지만 남의 고통에 대해서는 별 관심이 없던 학생들도 친구나 이웃의 아픔에 눈을 뜨는 계기가 되기도 할 것입니다.

위기가 곧 기회라는 말도 있지만 교사에게는 모든 문제 상황이 교육의 기회가 된다고 생각합니다.

저도 그런 셈이지만 이성으로 풀어야 할 일을 감정으로 풀려고 하면 자꾸만 일이 꼬이고 맙니다. 교사의 도움이 필요한 몇몇 아이에게 집중하다 보니 본의 아니게 말이 없고 착실한 아이들을 소외시킨 결과를 가져오기도 했지만 어디까지나 사랑의 실수이니 크게 상심할 일은 아니라고 여깁니다. 시행착오 없이 사랑이 완성되는 법은 없으니까요.

안준철 전남 순천 효산고 교사

아이들이 특정 교과 선생님과 마찰을 빚고 있습니다

> 학생 : 음악 선생님 정말 짜증 나요.
> 담임 : 왜? 또 꾸중 들었니?
> 학생 : 그런 게 아니고요, 체육 다음에 음악이라 교복으로 갈아입는 데 시간이 걸리잖아요. 그런데 음악 시간에 늦었다고 수행평가를 감점한다는 기 있죠.
> 담임 : 너희들이 좀 더 빨리 옷을 갈아입지 그랬어.
> 학생 : 서둘러도 항상 늦는 걸요. 게다가 음악 선생님은 애들을 편애하고……. 언제나 강압적이고 저희 의견에는 관심도 없어요. 그리고 우리 반을 진짜 싫어해요.

음악 선생님은 제가 보기에도 지나치게 권위적인 방식으로 학생들을 지도할 때가 많습니다. 하지만 저보다 경력도 많고 학교에서도 발언권이 큰 편이라 생활지도 상의 부당성을 직접 언급하기가 힘듭니다. 물론 학생들도 문제가 없는 것은 아닙니다. 자신들의 입장에서만 이해하려 드니까요. 그 선생님 때문에 학교생활을 하기 힘들다면서 과잉 반응을 보일 때는 도대체 제가 무엇을 해 줄 수 있을지 답답하기만 합니다. 동료 교사의 입장을 존중해 주면서 학생의 의견을 적극 받아들일 수 있는 방법은 없는지요.

> **집단 토론으로
> 돌파구를
> 찾아보세요**

담임들이 흔히 겪는 갈등 상황입니다.

하지만 담임이 나이가 어리거나 지위가 낮다는 이유로 그냥 학생들만 위로하고 달래는 문제 해결 방식은 바람직하지 않다고 생각합니다. 힘없는(?) 담임 반의 학생이라는 이유로 피해 아닌 피해를 받게 되는 것은 미안한 일이니까요. 선배에 대한 깍듯한 예의도 필요하지만 학생들과의 관계에서는 동등한 교사일 수 있어야 합니다. 이런 접근 방법을 시도해 봅시다.

담당 교사와 학생에게 다가가기

초임 시절에는 생각이 다르다는 이유로 같이 차 한 잔 마시기도 꺼린 경험이 있는데, 길게 보아서는 그다지 도움이 안 되는 것 같더군요. 어느 정도 그 선생님과의 친밀감이 형성되고 나면, 기회가 생길 때마다 수업 시작 5분이 꼬여서 수업이 어려웠던 경험(예를 들면 한 학생을 심하게 야단치고 나니까 그날의 수업이 영 안 풀렸던 경험)을 이야기해 보세요. 선배 교사에게 상담하고 호소하는 분위기에서 수업 시작 5분의 중요성을 강조해 보는 것이지요. 또한 그 학생에게도 태도에 문제가 있음을 지적해 주고 그 선생님의 원칙에 입각한 수행평가에 대해서는 받아들일 수 있도록 하는 지도가 필요한 것 같습니다.

집단 토론 구조로 접근하기

학생들에게는 그저 '다른 학생들에게 피해를 주니까'라는 식으로 감정에 호소하기보다는 '권리와 의무' 같은 합리적 근거로 자신들의 행동을 생각해 보게 하는 것이 효과가 있을 듯싶습니다. 이러한 일이 계속 되풀이되는 상황에서라면 자치활동 시간에 학급회의를 열어서 문제를 해결해 보는 방법도 좋습니다. 다만 회의가 그 선생님에 대한 성토의 장이 되지 않도록 적절한 지도가 필요하겠지요.

정말 많은 학생이 늦을 수밖에 없는 구조적 문제가 있다면 학급 대표를 통해 그러한 구조를 변화시키는 노력을 이끌어 보는 건 어떨까요?

예를 들어 이동 수업이 연결되어 있는 경우라면 반장이 체육이나 음악 선생님께 정중하게 말씀드려 3분쯤 일찍 끝내도록 부탁해 볼 수도 있습니다. 음악 선생님께 말씀드리기 어려우면 체육 선생님께만 부탁해도 다음 시간에 지장은 없을 테니까요.

이러한 의견이 학급회의를 통해 모아진 생각이라는 것을 정중히 전달하는 일은 학급 대표의 능력이지요. 우선 학생들 스스로 토론과 반성이 선행되고, 수업 시간의 탄력적 운영을 건의하는, 일련의 행동들은 학생들로 하여금 스스로가 교육의 주체임을 자각하게 합니다. 민주적 자치 능력을 키울 수 있는 좋은 계기도 되고요.

배경숙 서울 진명여고 교사

먼저 아이들의 **태도 변화를** 이끌어 보세요

아이들이 특정 교과 선생님과 사이가 벌어지면 담임 입장에서는 난감하기 짝이 없지요. 누구나 그런 경험이 있을 겁니다.

우리 반 수업에 하루하루 지쳐 가는 선생님이 있습니다.

수업 준비에 공을 들이는 이 성실한 선생님을 괴롭히는 것은 산만한 중학생 우리 반 아이들입니다. 꾸지람을 해도 그때뿐, 믿을 만한 아이조차 그런 소란에 묻혀 눈 둘 데 없게 만드는 수업 분위기에 얼마나 견디기 힘드셨겠어요. 저는 그 사실을 나중에 알게 되었습니다. 이런, 괘씸한 녀석들!

더는 안 되겠다 싶어 선생님과 얘기도 나눌 겸 저녁 식사를 청했더니, 고개를 저으셨습니다. 드러내 놓고 아이들 얘기를 하는 게 불편하셨던 모양입니다.

그래서 그 뒤부터는 조심스레 "선생님, 동진이 있지요? 공부에 영 취미가 없다기에 좋아하는 책이라도 보면 어떻겠냐고 했는데 책 보고 있으면 용서해 주세요"라는 식으로 특히 산만한 아이들에 대한 정보를 선생님께 건네곤 했습니다.

한편으로는 아이들에게 수업과 관련된 여러 이야기를 들어 봤지요. 그랬더니 아이들도 나름 불만이 컸습니다.

너무 **빽빽**한 설명으로 틈을 주지 않는다, 조금이라도 흐트러진 모습을 못 견뎌하신다, 질문을 해도 맘에 안 든다며 묵살하신다······.

양쪽 다 서로에 대해 못마땅한 감정으로 밀어내기만 하고 있다는 생각이 들었습니다.

고심 끝에 우선 아이들의 태도를 돌리는 일에 갈등 해결의 우선순위를 두었습니다. 가르치는 일에 성의가 있고 성격이 여린 분인 만큼, 아이들이 먼저 태도를 바꾸면 선생님 마음도 변할 것이라는 판단 때문이었지요.

그러던 어느 날 반장 아이가, 그 선생님께서 더는 수업을 못하겠다는 선언을 하셨다고 전해 왔습니다. 그때부터 본격 개입하기 시작했습니다.

아이들의 불만을 익히 알고 있기에, 아이들의 생각을 들어 주고 인정하되 '이 분위기를 지속하는 것은 서로에게 해만 끼칠 뿐'이라며 한 가지 제안을 했습니다.

"매듭 풀기 작전! 터놓고 얘기할 것. 원인이 있으면 해결 방법도 있는 법. 담임은 무조건 너희들의 결정을 존중한다!"

숙연해지더군요. 저는 일단 회의 자리를 비켜 주었습니다.

한 시간쯤 지나 대표 아이들이 결정 사항을 가지고 찾아왔습니다. 결정 사항은 대략 이러했습니다.

"1주일에 한 번, 수업 시간에 가장 산만한 아이를 한 명씩 적어 내고, 한 달 동안 스무 표 이상을 얻게 되면 부모님을 학교로 오시게 해서 면담을 한다."

아이들다운 결정이었습니다.(학생이 학생을 적어 내는 고발 형식이 마음에 들지 않았으나 아이들 스스로 결정한 사항이어서 일단 존중하기로 했습니다.) 그 밖에 여러 이야기가 오고 갔지만 최종 결정 사항에 대해서는 모두의 동의를 구했다고 합니다. 자리 배치를 다시 해 달라는 요청도 있어서 바로 허락했습니다.

이 상황은 현재 진행 중입니다.
저는 나름대로 아이들의 칭찬거리를 찾아내려고 노력하면서, 슬쩍슬쩍 그 선생님 수업에 대한 이야기에도 귀를 기울입니다. 어떤 아이들은 자기 잘못을 고백하며 쑥스럽게 웃기도 하고, 시끄러웠던 친구를 슬쩍 일러 주기도 한답니다. 아이들의 태도가 좀 더 바람직하게 바뀌는 것 같아 일견 반갑기도 합니다.
문제가 있는 아이만 지적하는 문제를 개선하기 위해 칭찬하고 싶은 친구도 같이 쓰게 하고 있습니다. 공개적인 칭찬과 상담을 병행하는 것이지요. 이 방법이 갈등을 해소하는 데 바람직하다는 판단이 들면, 여름방학 전에 그 선생님께 편지도 쓰게 할 예정입니다.
저는 저대로 그 선생님과 좋은 시간을 마련할 계획을 세우고 있습니다. 아이들과 교과 선생님 사이를 돕는 일, 그게 곧 저 자신을 돕는 일이라는 생각을 합니다.

이순옥 충남 아산 영인중 교사

그렇다고 '험담'에 동참하지는 마세요

아이들을 자유롭게 해 주는 편이어서 그런지 저를 찾아와 동료 교사를 욕하거나 성토하는 아이들을 가끔 만나곤 합니다. 초임 시절에는 그런 아이들과 한통속이 되어 신나게 동료 교사를 흉본 적도 있습니다. 그 뒤 제게 돌아온 것은 아이들의 차가운 시선이었습니다. 그들이 조금씩 성숙해 가면서 저를 '동료와 관계가 원만하지 못한' 속 좁은 사람으로 보기 시작한 것입니다.(아이들이 무섭지요.)

그런 시행착오 덕분에 요즘은 동료 교사의 험담을 늘어놓는 아이에게 이렇게 말합니다.

"세상에는 여러 유형의 사람들이 살고 있어. 학창 시절 동안 네게 딱 맞는 선생님만 만나게 되면 앞으로 사회생활을 하기가 힘들지도 몰라. 그리고 사람은 본래 서로 깊이 알기 전까지는 자기 마음을 보여 주지 않는 법이야. 음악 선생님이 바로 그런 분이시지. 네가 먼저 마음을 열고 잘해 드려 봐."

이런 말 한마디가 아이들에게 세상과 인간을 이해하는 혜안을 갖게 해 줄지도 모를 일입니다. 교사로서 아이들에게 옳고 그름의 분명한 선을 제시해 주는 것도 중요하지만, 그 못지않게 인간의 다양한 모습과 행동에 대한 포용력과 적응력을 길러 주는 것도 중요하다고 생각합니다.

안준철 전남 순천 효산고 교사

가능성을 믿어 주면 그만큼 성장한다

자버드대학교의 로젠탈 박사와 초등학교 교장 레노어 제이콥슨 박사는 미국의 오크 초등학교 교사와 학생들을 대상으로 피그말리온 효과를 실험했다.(피그말리온 효과 Pygmalion Effect 가능성을 믿어 주면 믿는 만큼 기대에 부응하는 결과가 일어난다.) 그들은 학년 초 담임교사들에게 몇 명의 학생 명단을 주면서, 이들은 여러 심리검사 결과 잠재력이 매우 뛰어난 것으로 확인되었다고 알려 주었다. 그리고 이 사실을 학생, 학부모에게는 알리지 말라고 당부했다. 그러나 이 아이들은 잠재력과 상관없이 무작위로 선발된 아이들이었다.

1년 후에 학생들의 성적과 행동을 평가했다. 평가 결과, 1학년의 경우 잠재력이 뛰어난 것으로 기대되었던 아이들의 IQ는 무려 24점이나 올랐다. 또한 다른 집단에 비해 대인관계 등 학교생활 전반의 변화가 훨씬 더 뚜렷했다. 아이들은 원래 능력 면에서 차이가 없었다. 그런데 어떻게 이런 결과가 나왔을까?

로젠탈과 제이콥슨은 자신들의 실험 결과를 이렇게 요약하고 있다.
"교사가 우수한 학생이라는 기대를 가지고 가르치면 그 학생들은 우수하게 성장할 확률이 더 크다. 교사들의 기대적인 태도가 은연중에 학생에게 전달되고, 그것이 그들을 변하게 하기 때문이다. 교사는 마음으로 아이를 조각하는 교실 안의 피그말리온이다."

— 《끌리는 사람은 1%가 다르다》, 이민규, 더난출판

아이들이
기간제 교사 시간에
'개판'을 칩니다

중3 담임입니다. 2학기가 되면서 산가와 병가에 들어간 교과 선생님들을 대신하여 각각 2, 3개월 기간제 선생님들이 왔습니다. 기간제이긴 하지만 아무래도 젊은 분들이니 잘 통할 수 있겠다 싶어 크게 걱정하지 않았는데, 나중에 알고 보니 그게 아니었습니다. 아이들의 이야기를 들어 본즉, 기간제 교사임을 알아챈 아이들이 도통 말을 듣지 않는다는 것입니다. 수업 시간에 소란스러운 것은 물론이고, '두세 달 뒤면 다시 보지 않을 선생님'이라며 드러내 놓고 무시하는 태도를 보이기도 했답니다. 조종례 시간에 몇 차례 훈계도 해 보았으나 그것도 그때뿐, 선생님을 아무렇게나 대하는 분위기는 그대로입니다. 기간제 선생님들은 내색하지 않지만 힘들어하는 기색이 역력합니다. 그 선생님들의 입장도 있는데 단체로 벌을 줄 수도 없고, 그렇다고 선생님들께 조금만 더 참고 지내라고 할 수도 없고, 참 어렵습니다.

> **'인간적'으로
> 터놓고
> 협조를 구해 보세요**

아이들에게 어른들의 왜곡된 문화가 투영된 모습과 맞닥뜨릴 때면 가슴이 뜨끔해집니다. 이 경우도 마찬가지가 아닌가 싶습니다.

저도 유난히 기간제 선생님들이 많이 계신 학교에서 근무했는데, 아이들은 어떻게 그걸 알았는지 그 선생님들을 함부로 대하더군요. '어차피 얼마 뒤면 다시 보지 않을 사람'이라며 개기는데 대책이 없더라고요.

담임으로서 그런 경우를 발견하면, 조금은 엄하게 말합니다.

"선생님이면 다 같은 선생님이지 몇 개월 잠깐 있다 간다고 해서 선생님이 아닌 건 아니다. 사람 봐 가면서 예의 지키는 건 아니지 않느냐?"

물론, 그렇게 말한다고 모두 이해하고 태도를 바꾸는 건 아니어서 심하다 싶은 아이들은 따로 불러서 이야기했습니다. 야단만 치면 오히려 반감이 생길 것 같아, 한편으로는 그 선생님의 어려운 상황을 솔직하게 이해시키기도 했습니다.

"임용고시 준비하랴, 너희 수업하랴 얼마나 힘드시겠냐? 너희가 대책 없이 엇나가면 어쩌면 그분은 선생님이 되고 싶은 꿈을 포기할 수도 있어. 너희가 조금만 도와드린다면 너희는 평생 잊지 못할 제자가 되는 거야. 단지 여건이 되지 않아 지금은 정교사가 아니지만 내가 볼 때는 존경할 만한 선생님이야."

이런 이야기에는 아이들도 어느 정도 수긍하는 것 같았습니다.

한편, 그 기간제 선생님께는 심정적 지지가 필요할 거예요.

기간제 교사는 계약직이라 아무래도 관리자에게 수동적일 수밖에 없고, 다

> **여기서 잠깐!** 편지로 아이들과 소통을 돕는 것도 좋은 방법입니다. 기간제 선생님의 편지를 인쇄하여 나누어 주거나, 칠판 가득 편지를 옮겨 써 주는 것이죠. 이렇게 진심을 전해서 분위기가 조금 숙연해질 무렵, 아이들 스스로 수업 시간에 지켜야 할 규칙들을 만들어 보게 하는 건 어떨까요? 교사가 일방적으로 주는 벌이 아닌 학급 구성원 모두의 논의 과정을 거쳐 이끌어 낸 규범은 아이들 스스로의 행동을 절제하는 데 큰 힘이 될 수 있으니까요.
> **남무현** 인천 계산여고 교사

른 교사에게는 위축감을 느끼게 마련입니다. 이때 동료 교사의 따뜻한 말 한마디는 그분께 큰 도움이 됩니다. 대학에서 배우는 교육학이나 심리학보다 이런 과정을 겪으면서 더 많은 것을 배우게 된다고, 그렇게 생각하고 마음 편히 먹으라고, 좋은 선생님이 되는 데 필요한 통과의례라고 말이지요. 담임으로서 아이들 정보를 공유하는 일도 필요합니다.

아이들의 성격, 가정환경, 심리 상태를 이야기하다 보면 아이들을 이해하는 데 큰 도움이 됩니다. 기간제 선생님들은 아무래도 짧은 기간 동안 근무하기 때문에 아이들의 정보에 어둡거든요.

아이들은 아이들입니다. 아무리 힘들게 하는 아이라도 인격적으로 마주하고 마음을 터놓고 이야기하면 통하더라고요. 다만 다른 방법에 비해서 시간이 좀 더 걸릴 뿐이지요. 어쨌거나 교실에 서는 순간 모든 것이 교육의 소재가 됩니다.

정선주 광주 상무고 교사

2부

부적응 문제 상황

- 심각한 장난꾸러기, 어떤 말도 먹히질 않습니다
- 지각과 결석을 밥 먹듯 하는 아이가 있습니다
- 단체활동을 함께 하려 들지 않습니다
- 아이가 늘 교무실을 서성거립니다
- 의욕부진아, 그냥 두어야 합니까?
- 차라리 자기를 '잘라' 달라고 합니다
- 연예인에 대한 집착이 지나칩니다
- 사사건건 튀는 아이, 교실 분위기가 잡히지 않습니다
- 아이가 혼자 겉돌고 있습니다
- 판타지 소설에 빠져 헤어나질 못합니다

심각한 장난꾸러기
어떤 말도 먹히질 않습니다

중학교 2학년에서 말썽 선수급인 이른바 '4대천왕'이란 녀석들이 죄다 우리 반에 모여 있습니다. 그래서인지 다른 아이들까지 덩달아 들썩들썩합니다. 수업에 들어오는 선생님마다 '시끄럽고 말을 안 들어서 수업을 못하겠다'며 고개를 내저을 정도입니다. 처음에는 활기차고 싹싹한 녀석들이라 낯도 안 가리니 오히려 더 수월할지 모른다고 생각했는데, 이제는 무슨 말을 해도 먹히지도 않고 장난으로만 받아칩니다.

얼마 전에는 수업 시간에 하도 떠들고 수업 분위기를 흐리기에, 참다못해 반성문을 쓰게 했지요. 그런데 그걸 받으니 기가 차더군요. 반성이라고는 전혀 찾아볼 수 없는 삐뚤빼뚤한 글씨하며, 성의없는 내용에 정말 오기가 나더라고요. '아이들이 나를 우습게 보는구나' 하는 자괴감도 들고요.

이 녀석들을 어찌해야 하나요?

절대 포기하지 않는다는 투지를 보여 주세요

4대천왕이란 별명, 아무나 얻을 수 있는 게 아니지요. 그런 별명에 걸맞게 행동해야 하고, 그래야 아이들에게 인정받을 수 있으니까요. 교사의 권위에 도전하는 인상을 심어 주는 것, 그것이 4대천왕이 가장 원하는 것이겠지요. 이런 녀석들에게 반성문을 쓰게 하는 것, 학생부장에게 떠맡기는 것, 부모님께 우회적으로 압력을 넣는 것 따위는 통하지 않을 뿐 아니라 치졸하게 보일 수도 있습니다.

4대천왕도 정당하게 교사와 한 판 겨루고 싶은 것이지, 이처럼 간접적으로 공격당하고 싶지는 않을 테니까요. 이럴 때는 뛰는 놈 위에 올라타서, 녀석들을 다스리겠다는 투지, 혹은 용기가 필요합니다.

먼저 부모님이 없을 때 한두 번, 부모님과 함께 있을 때 한두 번, 그것도 가능하면 빠른 시기(3, 4월경)에 집중적으로 가정방문을 하는 겁니다.
"야! 4대천왕 오늘은 니들 집에 간다. 알았지!"
말과 함께 몸이 움직이는 선생님, 얼마나 놀라겠습니까? 이를테면 기선 제압을 위한 기습 작전입니다.

자존심을 세워 주고 대접하는 식으로 '다스리는' 방법도 있습니다.
청소, 급식과 같은 일상사에서 체육대회, 체험활동과 같은 행사에 이르기까지 특정한 역할을 맡기는 것이지요. 이때 중요한 것은 그들에게 권한이 있다는 인상을 지속적으로 주어서는 안 됩니다. 일을 수행하는 과정에서 녀석들의 장난기가 장점이 될 수도 있다는 경험을 해 보는 게 중요하니까요. 이는 한 번으로 족합니다.

함께 외식하기, 목욕탕 가기, 영화 보기, 봉사활동하기도 시도해 볼만한 방법입니다. 단, 그들을 다잡기 위한 교사의 전략이라는 사실을 들키지 않아야 합니다. 모든 아이들에게 기회를 주어 더불어 같이 하도록 이끌면 더 좋겠습니다.

마지막으로 저만의 방법을 하나 소개합니다.

저는 늘 호주머니에 손톱깎이를 넣고 다닙니다. 그리고 이리저리 빼는 녀석들의 긴 손톱을 직접 깎아 줍니다. "손 내밀어! 이 다음에 손톱 깎아 준 선생님으로 나를 기억하라"고 하면서 말입니다.

아이들도 알 건 다 압니다. 자기를 인격적으로 인정해 주는 선생님인지, 말로만 어쩌구저쩌구 하는 선생님인지.

4대천왕은 지금까지 만난 선생님들이 결국에는 자기들을 포기하더라는 것을 알고 있습니다. 관심을 가지는 척, 조금 애쓰다가 그만두는 교사의 속성을 이미 알고 있다는 것입니다. 괜히 위해 주는 척하지 말고 그냥 포기하라는 뜻으로 까불기도 합니다. 이 진단이 틀리지 않다면, 우리 교사들이 절대 그 녀석들을 포기하지 않겠다는 것을 알게 하는 것, 이게 바로 4대천왕을 이기는 첩경이 아닐까요.

송춘길 경북 구미 선산고 교사

> 때에 따라 타이르되
> **길게 보고**
> 대처하세요

이런 반이 있습니다. 시작종이 울리고 선생님이 들어왔는데도 시끌벅적 난리가 아닙니다. 그중 몇몇은 유독 장난이 심합니다. 조용히 하자고 몇 번씩 당부해도 요지부동, 순간적으로 역정이 솟구칩니다. 더는 안 되겠다 싶은 상황과 맞닥뜨리면, 잠시 침묵한 뒤 당사자를 지목하며 가능한 한 낮은 목소리로 말합니다.

"수업 끝나고 교무실에서 좀 보자!"

교무실에 오면 녀석을 옆에 세워 놓고, 모른 척 잠시 제 일을 합니다. 잘못을 정리하는 시간을 주기 위해서입니다. 잠시 뒤, 일을 멈추고 녀석과 마주합니다. 그리고 물어봅니다.

"내가 부른 이유를 아는고?"

사실 다짐받지 않아도 아이는 제가 뭘 잘못했는지 이미 알고 있습니다. 짐짓 긴장된 표정을 짓고 있는 아이의 손을 마주 잡고 자식이나 동생에게 하듯 당부를 합니다. "너 때문에 내가 힘들다. 나는 좋은 선생님이 되고 싶다. 잘할 수 있게 네가 좀 도와 달라."

과연 효력이 있을까요? 그간의 경험에 비춰 보면 약발은 잘해야 한두 시간입니다. 그럼에도 별다른 처방전을 찾기 어렵습니다. 독성이 강한 약일수록 당장에는 효험이 보이는 듯하지만, 궁극적으로는 몸을 해치게 된다지요. 진심은 통한다는 평범한 말을 믿고 싶습니다. 지금 당장은 아니라도 언젠가는 통하리라는.

박일환 서울 오남중 교사

지각과 결석을 밥 먹듯 하는 아이가 있습니다

슬이(중2, 여)는 핑계만 있으면 지각과 결석을 일삼습니다. 하루는 아파서, 하루는 엄마 병간호 하느라, 하루는 수행평가하다가 늦잠을 자서……. 핑계도 여러 가지입니다. 1학년 때도 그랬다는데, 아무리 혼을 내도 지각하고 결석하는 버릇을 고치지 못합니다. 부모도 별다른 의욕을 보이지 않고요.

슬이의 성적은 중간쯤이고 일단 학교에 오면 조용하게 지내는 편입니다. 식구들이 모두 늦게 일어나서 부탁을 해도 별 효과가 없습니다. 차라리 다양성을 인정하고 슬이만은 지각을 예외로 해 주고 싶습니다. 그러나 단체생활에서 그럴 수도 없어 아이에게 벌을 주고, 다시 각오를 다지게 하는 일을 되풀이하고 있으니 교사인 저도 지칩니다. 어떻게 지도해야 할까요?

마음을 움직이는 것이 관건입니다

이런 아이들을 대할 때 교사가 유념해야 할 것은 '어떤 방법으로 그 아이를 고치겠다'는 생각을 버려야 한다는 점입니다.

아이의 습관을 바르게 고치겠다는 것은 선생님의 바람일 뿐, 습관을 고치는 것은 아이 스스로 해야 할 일입니다. 한두 달, 혹은 1년 정도의 선생님 지도로는 어렵다는 점을 받아들여야 합니다. 다만 교사는 현재 아이가 학교에서 단체생활을 하며 다른 아이들과 지내는 데 문제가 되지 않도록 여러 가지 방편들을 그때그때 사용하는 것뿐입니다.

어떤 한 가지 방법으로 아이를 바꾸겠다는 각오보다는, 여러 방법으로 자극을 주면서 아이 스스로 고칠 때까지 기다리는 것입니다. 물론 쉽지 않은 일입니다. 그래도 선생님이 아이에게 지치지 않으려면 마음을 느긋하게 먹는 것이 좋습니다.

'다시 지각을 하면 가만히 두지 않겠다'고 윽박지르기 시작하면, 아이는 거짓말을 해서라도 그 자리를 일단 피하려고 듭니다. 이것이 되풀이되면 습관도 고치지 못하고, 아이의 마음조차 얻지 못하는 결과로 이어지기 쉽습니다.

지각을 줄이는 단기 처방으로는(아이 부모에게 도움을 받지 못하는 경우) 아이 집 가까이 사는 믿을 만한 친구를 도우미로 붙여 주는 방법을 생각해 볼 수 있습니다. 아이 집 앞을 지나서 올 수 있고, 수더분한 성격을 가진 친구라면 더욱 좋겠지요.

물론 도우미 친구에게는 "이 아이는 현재 도움이 필요한 상황이고, 누군가 도와준다면 학교생활이 조금이라도 좋아질 것 같다. 힘들겠지만, 아침 등굣길에 미리 전화도 하고, 집 앞에서 초인종을 누르고 기다렸다가 같이 왔으면 좋겠다"는 심정을 솔직하게 털어놓고 협조를 구해야 합니다. 당사자도 지금쯤이면 선생님과 많은 대화를 나누었을 테니 선생님이 도우미 친구를 붙여 주는 이유를 이해할 것입니다.

휴대전화 예약 문자를 활용하는 방법도 있습니다.
무료 문자 서비스에 예약 기능이 있는데 이를 활용하는 것입니다. 혹시 학급 분위기가 우호적이라면 '돌아가면서 전화해 주기' '같이 등교하기'와 같은 방법도 시도해 볼만합니다. 무엇보다도 그러한 관심이 그 아이에게 진심으로 다가갈 수만 있다면, 그래서 스스로 생활을 바꿔보려는 노력이 어우러진다면 더할 나위 없이 좋겠지요.
그러나 이런저런 방법을 다 써 보아도 쉽게 고쳐지지 않을 수 있습니다. 다만 교사의 진심과 온갖 방법들이 쌓이고 쌓여서 먼 훗날에라도 아이 생활이 건강하게 움직이기를 바랄 뿐이죠.

교실밖교사커뮤니티(eduict.org) **'바람' 선생님**

규율보다 아이의 처지를 먼저 살피세요

지각생 지도 방법을 놓고 많은 교사들은, 어떻게 하는 것이 '가장 바람직한 방안인가' 보다 '얼마나 빠르고 쉽게 효과가 나타나는가'를 먼저 생각하는 것 같습니다. 저는 그보다 아이들의 처지를 먼저 살펴야 한다고 생각합니다. 또한 택한 방법이 그 아이 삶에 어떤 영향을 줄 것인지도 고려해야 하고요.

이런 동료를 본 적이 있습니다. 지각생이 오자, 꾸중하기에 앞서 밥은 먹고 왔느냐 묻더군요. 안 먹고 왔다고 하자 "이왕 늦은 거 밥이라도 먹고 오지 그랬냐"고 하더군요. 혼날 거라고 바짝 긴장하고 있던 아이는 아무 말도 못하고 진짜 미안해서 어쩔 줄 몰라 하는 것 같았습니다.
또 아는 교사 한 분은 지각한 아이에게 학교에 오면서 보고 듣고 느끼고 생각한 것을 솔직히 글로 적어 오라고 합니다. 아이가 쓴 글을 통해, 비록 늦긴 했지만 그 과정에서 교실에서 배우는 것 못지않게 많은 것을 느끼고 배운다는 것을 엿볼 수 있었답니다.

무엇보다 버릇 운운하기 전에 지각한 아이의 마음 상태를 느껴 보는 것이 중요하다고 생각합니다.
"너 또 늦었구나. 이따 교무실로 와" 하는 말에는 비난이 들어 있습니다. 그 아이는 교무실에 가서도 시원한 대답을 하지 않을 것입니다. 당장 혼내려 하지 말고 아이와 자연스럽게 이야기를 나눌 수 있는 기회를 만들어 보세요. 복도에서 지나치다가 아니면 청소를 하다가 "요즘 무슨 걱정거리라도 있니?" 하면서 지각하는 까닭을 넌지시 물어볼 수도 있겠지요. 잠이 많은 아이라면 예쁜 자명종 시계를 선물할 수도 있고, 버릇이 들 때까지 날마다 전화를 걸어 줄 수도 있지요.

물론 이렇게 한다고 해도 지각하는 버릇을 쉽게 고칠 수는 없습니다. 저는 아침마다 담임교사가 아이 집 앞으로 가서 함께 학교에 오는 경우도 보았습니다. 하지만 그해뿐, 담임교사가 바뀌자 아이는 다시 지각을 하더군요.

생각해 보면, '지각 금지'는 학교가 세워 놓은 규율입니다. 어쩌면 우리는 아이를 먼저 보기보다 규율을 먼저 보는 것이 아닌지 모르겠습니다. 또 지각한 아이를 혼내고 미워하는 그 바탕에는 혹시 교사가 무능한 담임으로 보이지 않을까 하는 조바심이 자리하고 있는 것은 아닐까요? 아이가 처한 상황과는 관계없이 말이지요.

저는 가르치는 일이 꼭 상사화 같다는 생각이 듭니다. 꽃이 필 때는 잎이 없고 잎이 있을 때는 꽃이 없어 잎과 꽃이 단 한 번도 만나지 못한다는 꽃 말이에요. 내 가르침이 거름이 되어서 제각각 환한 꽃으로 피어나는 데는 기다림이 필요한 것 같습니다.

눈앞의 효과를 위해 발을 구르기보다, 어떻게 하는 것이 아이를 위하는 것인지 자신에게 묻고 또 묻다 보면 결국 답이 떠오르지 않을까요?

홍은영 경기 안성 양성중 교사

생활교육의 관점에서 접근해야

상습 지각생들은 '지도'가 아닌 '생활교육'의 관점에서 접근할 필요가 있습니다. 그들의 내면을 추적해 보면 높은 학년으로 갈수록 가정 문제, 희망 부재, 만성적 도피 지향성이 두드러집니다. 그런 점에서 지각이나 결석은 학생을 이해할 수 있는 유용한 접근 통로가 됩니다. 때문에 교사는 진심으로 학생의 내면과 만나려는 목적의식을 분명히 해야 합니다.

또 하나의 문제는 상습 지각이 전체 학급에 미치는 영향에 대한 고민입니다. 학생들은 친구의 지각, 결석을 부러워하면서도, 내심 처벌받기를 바랍니다. 자신의 심리를 보상 받으려는 '대리 만족'의 성향을 보이는 것이지요.

학급활동에서 지각은 '규칙 위반'입니다. 그런데 급우들이 지각을 일삼으며 문제를 앓고 있는 친구를 걱정하면서 진정 도와 보려는 분위기를 연출할 수 있다면, 규칙 위반은 그리 크게 영향을 미치지 않습니다. 교사가 그런 분위기로 이끄는 것이 관건이라는 말입니다.

저는 '질서'라는 이름으로 모두에게 똑같은 기준을 요구하는 것을 조심스러워하는 편입니다. 중요한 것은 학급이라는 공간에서 삶을 재미있게 살아가는 주도 집단이 형성되어 자발적인 학급 문화를 만드는 것입니다. 그럴 때 비로소 '규칙'도 살아있는 규칙이 됩니다. 교사의 매 때문에 '규칙'이 의미를 갖는다면 그것은 오히려 빈대 잡으려다가 초가삼간 태우는 격이 되지 않겠습니까?

배이상헌 광주공업고 교사

단체활동을
함께
하려 들지 않습니다

중3 담임입니다.
학교나 학급의 모든 행사(수련회, 야영, 단체 영화 관람 등)에 대해 무슨 핑계를 대서라도 빠지려는 아이가 있습니다. 학급 분위기 같은 것은 개의치 않고 이리저리 따져 봐서 재미없겠다 싶으면 친한 친구 한두 명과 함께 참여하지 않겠다고 버팁니다. 단체생활을 들어 참가를 종용하면, 개인의 자유가 있는데 왜 꼭 참여해야 하냐고 항의하기도 합니다. 모두를 이끌어야 하는 담임 입장에서는 얄밉기까지 합니다.
이런 아이들은 어떻게 지도해야 하나요?

과감하게 인정하세요

단도직입적으로 말씀드리겠습니다.

단체활동을 하기 싫다는 학생은 하지 않아도 된다는 식으로 우리 교사들도 생각을 바꾸어야 한다고 봅니다. 이것도 학교 정규 교육과정의 일환이니 빠질 수 없다고 설득했는데도 먹혀들지 않는 학생이라면 과감하게 인정해 주는 것도 좋은 방법입니다. 다만 이런 아이들은 혼자 움직이지 않고, 꼭 친한 친구 한둘을 끌어들여 담임 속을 뒤집어 놓는 경향이 있습니다. 이에 대해서는 단호하게 대처할 필요가 있습니다.

"정 가기 싫으면 너는 가지 않아도 좋다. 그러나 다른 친구에게는 강요하지 마라. 그리고 빠졌다고 해서 자기 마음대로 할 수 있는 것은 아니다. 잔류 학생은 잔류 학생 프로그램대로 진행할 것이니 성실히 참여해 주기 바란다. 이는 담임으로서 최대한 양보한 결정이다. 그런데도 무단으로 결석을 한다면 그에 대한 책임을 져야 한다. 부모님도 만나 뵙겠다."

한편, 이런 경우에 우리 담임들이 가장 염려스러워하는 것은 도미노 현상입니다. 나도 가기 싫다, 누구는 되고 누구는 안 되느냐는 식이 되면 감당하기 어렵기 때문입니다. 하지만 이 정도라면 그건 이미 교육적인 설득력을 잃었다고 결론이 난 것이니, 교육이라는 명분으로 강제 추진할 사항이 아니라고 봅니다.

그리고 선생님! 섭섭함을 가라앉히고 학생을 이해하려는 입장에서 생각해 보면 어떻겠습니까? 왜냐하면 교사들이 알지 못하는 이유가 분명 있을 것이기 때문입니다. 지난 단체활동 경험에서 안 좋았던 기억(화장실, 벌레) 때문이든지, 진짜 가정 형편이 곤란해서든지 간에 당사자에게는 절실한 이유가 분명 있을 것입니다. 혹은 사춘기의 반항하고 싶은 충동 때문이거나 따돌림 같은 현상이 숨어 있을 수도 있습니다. 그렇다면 너 그럽게 인정해 주는 것이 좋지 않겠습니까?

진지한 개인 상담을 통하여 단체활동을 꺼리는 이유를 말하게 하고, 그 이유에 적극적인 경청과 공감을 나타내거나 맞장구를 쳐 주기만 하여도, 아이 스스로 바람직한 해결책을 찾아내지 않을까요?

단체생활에 참가하지 않았더니 자기만 더욱 소외되더라는 사실을 알게 되거나, 빠졌다고 해서 사실 뾰족하게 할 일이 있는 것도 아니라는 사실을 알게 되거나, 참가하지 않았다고 하여 행복하고 마음이 편한 것은 아니라는 사실을 깨닫게 될 수도 있지 않을까요?

기다려야 할 때는 이유 없이 기다려 주는 것이 좋습니다. 소를 물가로 끌고 갈 수는 있지만, 물을 억지로 마시게 할 수는 없으니까요.

송춘길 경북 구미 선산고 교사

선생님의 관점을 살피는 계기로 삼으세요

그런 아이들과 맞닥뜨리면 안타깝고 속상하지요. 그렇지만 저도 앞의 송 선생님의 말씀에 일리가 있다고 봅니다. 그것에 관한 이야기는 송 선생님 말씀으로 대신하고, 저는 이번 기회에 선생님의 관점을 살펴보는 계기로 삼아 보면 어떨까 하는 말씀을 드리고 싶습니다.

혹 아이들을, 어른들이 이끌어 사람으로 만들어야 하는 존재로만 규정하고 있던 것은 아닌지, 교육이라는 미명 아래 학생들을 일방적으로 몰아붙이지는 않았는지, 그러다가 따라 주지 않으면 '요즘 아이들은 안 돼!'라며 아이들에게 책임을 떠넘긴 것은 아닌지, 혹 아이들을 사랑한 것이 아니라 교사 자신의 가치와 명목을 사랑한 것이 아닌지, 아이들 저마다의 개인 성장지도를 최대한 존중하고 있었는지, 그렇다면 이 행사는 아이들에게 어떤 의미가 있는 것일까 등등.

교사의 역할이 아이들이 좀 더 충실하게 제 빛깔대로 살아갈 수 있도록 지원하는 것이라면, 한 명도 빠짐없이 학급 행사에 참여하는 것을 목표로 삼기보다는 아이들 하나하나를 존중하고 수용해 주려는 노력이 필요하다고 생각합니다.

비록 전부는 아니더라도, 행사 취지에 공감하여 참가한 학생만이라도 충분히 기쁨과 감동을 누릴 수 있도록 준비 과정과 행사 자체에 충실을 기하는 것이 아이들이나 교사에게 더 많은 것을 가져다주지 않을까요?

이범희 경기 용인 기흥고 교사

아이가 늘 교무실을 서성거립니다

> 중2 학생이 있습니다.
> 제가 보기에는 크게 문제점이 눈에 띄지 않는 아이인데
> 학급 안에서 제대로 어울리지 못하고 늘 교무실을 서성

거립니다. 처음에는, 학기 초에 따스하게 대해 준 것에 마음이 끌려서 그런가 보다 하고 모른 척했는데, 이젠 교무실에서 살다시피 합니다. 교과 선생님들과도 친숙해져 심부름은 물론, 농담까지 주고받을 정도입니다. '교무실 집착'이 심하다 싶어 몇 번 불러다가 교무실 '출입 금지'를 명하고 교실로 올려 보내기도 했는데, 아이들과 어울리지 못하고 며칠 뒤에 다시 교무실을 기웃거리더군요.
친구들과 잘 어울리게 할 방법이 없을까요?

> 일단
> **떼어놓은 뒤**
> 대처하세요

저를 자주 찾아오던 진영이가 바로 그런 아이였습니다.

처음에는 수업에 관련된 이야기를 묻곤 해서 공부에 관심이 있나 했는데, 시간이 지나면서 특별한 일도 없이 "선생님 뭐 하세요?" "그건 뭐예요?" 하며 교무실을 오가기에 그제야 '교무실 놀이'를 하는 아이라는 것을 알았답니다. 별다른 이유 없이 교무실을 기웃거리는 아이들은 대부분 친구 관계에 문제를 안고 있을 확률이 높습니다.

먼저 교사가 그 아이에게서 자유로울 수 있는 시간과 공간을 확보하는 게 중요합니다. 교사가 자신의 스트레스부터 해결해야 여유가 생기고, 여유가 있어야 아이에 대한 지원책을 궁리할 수 있기 때문입니다.

일단 저는 진영이에게 교무실 출입을 자제하길 부탁했습니다.

달력에 표시를 하며 횟수를 다섯 번에서 세 번으로 줄이고, 약속을 잘 지키면 칭찬했습니다. 하지만 어기면 "내가 10분간 쉬는데 네가 찾아와 이야기해야 하니, 쉬기도 어렵고, 다음 시간을 준비하기도 힘들구나"라고 분명하게 이야기했습니다. 여기저기 여행한 얘기가 길어질라치면 "여기까지 듣고 부산 가서 만난 언니 얘기는 나중에 듣자"며 적당한 선에서 잘랐습니다.

한편, 아이가 친구들과 어울리는 것을 돕기 위해, 자기가 생각하기에 성격 좋은 친구를 관찰하게 했습니다. 다른 아이들이 그 친구를 왜 좋아하는지, 그 친구는 다른 아이를 어떻게 대하는지 잘 살폈다가 교무실에 올

때마다 그 친구의 좋은 성격을 하나씩 말하게 했습니다. 그렇게 성격 좋은 아이에 대한 이야기를 나누면서 은근히 그 친구처럼 해 보는 게 어떨까 찔러 보기도 하고요.

국어 모둠활동에서는 다른 친구들과 자연스럽게 어울릴 수 있도록 표나지 않게 뒤를 봐주기도 했습니다.
아이들이 진영이를 꺼리는 것은 해야 할 일을 잘 못했기 때문이었습니다. 그래서 저는 학급 아이들에게 일을 나누어서 하는 것도 의의가 있지만, 사람마다 능력이 달라서 꼭 내용을 채우는 것이 아니라 다른 방법으로도 모둠에 공헌할 수 있다는 점을 강조하곤 했습니다.
물론 같은 모둠 아이들은 1학기 말까지도 툭하면 진영이를 비난하거나 불평을 하곤 했습니다. 그럴 때마다 모둠에 끼도록 슬쩍 의자를 밀며 "이건 진영이도 잘하는 것이구나" 하며 일감을(아이가 그림은 잘 그렸거든요.) 주었습니다.
그러던 2학기 어느 날 '아기 영웅 우투리'라는 단원을 공부하고 관련된 역사신문 만들기 작업을 하는데, 진영이가 온갖 색지와 장식품, 색연필을 다 챙겨 왔더군요. 덕분에 여러 모둠이 움직이는 눈도 붙이고, 색지로 신문을 만들 수 있었습니다.
기회다 싶어 아이들에게 "이게 선생님이 말하던 자기만의 방식으로 공헌하는 것"이라고 한껏 추켜올렸지요.
진영이가 3학년에 올라간 뒤로는 수업을 담당하지 않아 별달리 도울 일이 없었지만, 가끔 복도에서 만날 때면 그때 내가 받았던 감동을 상기시키곤 했습니다. 그에게 내면화되었던 자기상 — 나는 뭐든 못하고 친구들은 나를 싫어한다 — 을 잊게 하려고 말입니다.

친구를 사귀지 못하는 아이의 미숙함이나, 반대로 그 친구를 수용하지 못하는 다른 아이들의 소견머리를 탓하기보다는 아이가 새롭게 세상과 관계 맺을 수 있도록 선생님 나름의 대응 방법을 생각해 보시기 바랍니다. 그래도 이들은 '나 여기 있어요, 봐 주세요' 하며 자기를 표현할 줄 아는 아이들입니다. 교무실에도 못 오고 혼자 교실에서 숨죽이고 앉아 있는 아이들에 비해서는 관계 회복 가능성이 훨씬 높은 것이지요.
살펴보면 교육은 숨 쉬는 것 하나하나가 모두 가능성입니다.

이명남 서울 영서중 교사

의욕부진아, 그냥 두어야 합니까?

2년차 중학교 교사입니다.
우리 반 성철이는 공부와 학교생활에 흥미가 없습니다. 여러 차례 상담을 했지만 미래에 대한 기대도 없고 꿈도 없습니다. 무엇을 해도 의욕도 없고요. 왜 그러느냐고 물어도 그저 귀찮다는 표정이고, 희망이 무엇인지 말해 보라면 잘 모르겠답니다. 게다가 수업 시간에도 엎드려 자거나, 창밖만 바라보고요. 아무리 이야기하려 해도 마음이 꽉 닫혀 있는 것 같습니다. 수업 시간에 다른 학생에게 방해도 되고, 담임으로서 그냥 내버려 둘 수도 없는 상황입니다. 이 아이를 움직일 수 있는 방법은 없을까요?

'공적인 친절함'으로 대하세요

제가 만난 성은이란 아이는 말만 걸어도 금세 짜증 섞인 표정을 짓던 아이였습니다. 수업 태도도 무척 산만하여 지적하고 돌아서기가 무섭게 마치 태엽이 감긴 자동인형처럼 방금 전 행동으로 돌아가곤 했습니다. 그럴 때마다 끈질기게 지적하고 수업 태도를 고치도록 요구했습니다. 말로만 하면 잔소리처럼 여길 것 같아서 조용히 다가가 책을 펴 준다든지 손에 볼펜을 쥐어 준다든지 하는 식이었지요.

그러던 어느 날, 성은이에게 그날 공부할 본문을 읽어 보라고 했습니다. 그러자 성은이는 저를 빤히 바라보다가 이렇게 말했습니다.

"전 그런 거 안 하는데요."

지금까지 수업 시간에 자기더러 책을 읽으라고 한 선생님은 제가 처음이라는 겁니다. 너무 산만하고 수업 집중력이 떨어지니까 교사들이 아예 질문하거나 무언가를 시킬 엄두조차 내지 못했던 것입니다.

"그럼 나도 널 포기할까?"

"예?"

"선생님들이 널 포기한 거잖아. 넌 포기를 당했고. 난 널 포기하지 않아. 책을 읽을 거야 말 거야?"

그런데 정말 뜻밖이었습니다. 짜증을 내거나 뭐라고 대꾸할 줄 알았던 성은이가 주섬주섬 책을 펴더니 읽기 시작하는 것입니다. 물론 그 후 녀석의 수업 태도가 눈에 띄게 달라지지는 않았지만 손장난을 하다가도 제가 눈짓을 하면 알았다는 듯이 순한 눈빛으로 반응해 오곤 했습니다.

이런 아이들에게 꿈이 무어냐고 물으면 헛방을 짚는 질문이 될 공산이 큽니다. 십중팔구는 꿈이 없는 아이들이기 때문입니다.

저는 아이들에게 "네 꿈이 뭐니?" 하고 묻지 않고 "너 지금 행복하니?" 라고 묻기를 좋아합니다. 그리고 행복하지 않다고 말하는 아이에게는 "그럼 계속 불행할 거니?" 하고 다시 물어봅니다. 이런 질문이나 대화는 수업 내용에 담아 말해 주는 경우도 많습니다.

성은이가 제 성화에 못 이겨 처음으로 책을 읽던 그날, 본문에 나오는 'improve'란 단어를 설명하면서 이런 말을 해 준 기억이 납니다.

"improve는 '개선하다, 혹은 더욱 좋게 하다'라는 뜻을 가지고 있습니다. 오늘 성은이가 처음으로 책을 읽었다고 했는데, 그것도 자신을 improve 한 것입니다. 아름다운 사람의 모습은 자기를 가꾸고 improve 하는 모습입니다. 선생님이 보기에 오늘 성은이의 모습은 아주 멋졌습니다."

순진성을 잃어버린 듯한 아이들도, 무기력하고 일견 복잡한 내막이 있어 보이는 아이들도, 칭찬에 약하고 사랑에 약하기는 마찬가지입니다. 끈질기게 두드리면 굳게 닫혔던 문도 열리게 마련입니다.

그래도 열리지 않는다면? 한 장의 편지를 써서 쥐어 주면 어떨까요? 한 번으로 안 되면 두 번 세 번……. 때로는 이런 소박한 방법이 최선책이 되기도 합니다. 단 한 번도 담임에게 따뜻한 마음의 편지를 받아 보지 못한 아이들이 생각보다 많기 때문입니다.

안준철 전남 순천 효산고 교사

> ### 있는 그대로의
> ### 모습을
> ### 인정하시길

중3 담임을 할 때, 동수라는 아이를 만났습니다.

빼빼 마르고 까무잡잡한 아이는 잔뜩 주눅이 든 모습이었습니다. 수업시간에도 엎드려 자거나 멍하니 앉아 있기 일쑤였어요. 말을 붙여도, 별 반응 없이 정물처럼 가만히 있거나, 어쩌다 도리질하는 것으로 자기 뜻을 나타내는 정도였지요. 어떤 것에도 의욕을 보이질 않고, 무얼 내라고 해도 잘 내지도 않았습니다.

그래도 정성을 다하다 보면 좀 나아지지 않을까 해서 자꾸 말도 걸어 보고, 여러 차례 편지를 건네주며 관심을 기울였습니다. 하지만 아이의 목소리를 1년 동안 한 번도 듣지 못한 채 떠나보내야 했습니다. 참 허망하고, 무력하게도 말이지요.

그 뒤에도 내 열정에 못 이겨 아이들을 사랑했습니다. 그런데도 많은 아이들이 담임의 관심을 귀찮아했고, 심술쟁이들 마냥 자꾸 어긋나기만 했습니다. 이렇게 해를 거듭하다 보니 아이들에게 섭섭하고 언짢은 마음이 날로 쌓여 학교생활이 지겨워지기 시작했습니다.

그 무렵이었습니다. 잔뜩 지친 몸을 이끌고 집으로 돌아가는 길인데, 누군가 반가운 목소리로 "선생님, 안녕하세요?" 하고 인사를 했습니다. 반사적으로 고개만 주억거렸는데, "선생님, 저 동수예요……." 하지 않겠어요. 화들짝 놀라 자세히 보니, 키가 좀 더 크고 살이 붙어 뽀얗긴 했지만 분명 동수였습니다. 그가 활짝 웃으며 나를 보고 있었습니다.

동수는 고등학교를 졸업해서 어디 다닌다는 이야기, 그동안 내 생각이 많이 나더라는 이야기를 술술 풀어놓았습니다. 전 동수의 목소리를 듣는 게 하도 신기해서 무슨 말을 하는지 제대로 알아듣지도 못할 지경이었습니다. 아이와 말한 시간은 5분도 채 안 되었지만 그 짧은 시간은 벼랑 끝에 선 교사가 희망의 끈을 붙잡은 순간이기도 했습니다.
'때가 되면 아이들은 달라지는 거구나!'
동수를 만난 뒤부터 전 조금씩 달라졌습니다. 교육 효과를 바로 보려고 안달하지 않게 되니 여유가 생기더군요. 아이들에게 어떤 가치를 심어 주고 변화하기를 기대하기보다는, 아이들이 스스로를 사랑하고 그 힘으로 참된 자기를 찾도록 하는 데 힘을 쏟게 되었습니다.

가장 즐겨 한 것은 글쓰기입니다.
해마다 아이들에게 자라 온 이야기를 꼭 쓰게 했습니다. 글쓰기에 앞서 틈틈이 또래 아이들이 쓴 글도 읽어 주었습니다. 되도록 한때 헤매기도 하고, 어렵게 살아온 아이들 글을 더 많이 읽어 주었지요. 그러다 분위기가 무르익으면 슬프고 고통스러웠던 일, 후회되는 일, 자기 역할을 잘 해 낸 일 같은 것을 쓰게 했습니다. 특별 지도가 필요한 아이들은 글 고치기를 핑계 삼아 따로 불러서 이야기를 나누었고요. 캐묻거나 충고 따위를 하기보다는 글에 대해서만 얘기했습니다.
"솔직한 표현이 참 좋다. 이 부분은 네 생각이 또렷이 드러나지 않았네. 좀 더 자세히 살려 쓰면 아주 좋은 글이 될 것 같다"는 식으로 말입니다.
아이들이 의욕을 잃는 것 같으면, 사회에 나가서 자기가 좋아하는 것을 찾아 열심히 사는 사람들 이야기를 들려주었습니다. 유명해진 선배들 이야기도 해 줍니다. 그들도 학교 다닐 때는 그저 보통 학생들이었다고요. 그리고 이렇게 덧붙입니다.

"그러니, 지금 자신이 잘난 것 하나 없다고 실망하지 마라. 너희들 마음속에는 자기도 모르는 무한한 잠재력이 숨어 있거든. 그게 무엇인지 잘 찾아보렴. 날마다 거울 보며 자기를 사랑한다 말하는 것도 빠뜨리지 말고."

때때로 내 마음의 크기로 감당하기 힘든 아이를 만날 때면 기도하듯이 야누슈 코르착의 말을 떠올립니다.

"중요한 것은 슬퍼하는 것이다. 아이가 비뚤어진 길을 걸어와서 그렇게 고독한 모습으로 되었다는 사실에 대해 슬퍼하라. 연민의 정을 가지라. 슬픔을 아는 교사는 적어도 당면한 교육 현실을 적절한 의도와 노력을 통해서 정복하고 승리를 구가하는 자는 아니다. 오히려 최선의 의도와 노력이 난파를 당할 수 있음을 알면서도 이런 상황을 온몸으로 짊어질 수 있는 자이다."

홍은영 경기 안성 양성중 교사

차라리 자기를
'잘라' 달라고 합니다

남자고등학교에서 2학년 담임을 맡고 있습니다.
우리 반 아이들 가운데 한 녀석이 학교에 도통 정을 붙이지
못합니다. 수업 시간에 빠지기 일쑤요, 태도도 공손치 않아
툭하면 교과 선생님들과 마찰을 빚습니다. 만나서 이야기하면, 학교도 싫고 공부하기
도 싫다며 자기를 '잘라' 달라고 합니다. 그래도 졸업은 해야 하지 않겠냐고 하면, 관
심없다고 합니다. 부모님도 어찌해야 좋을지 모르겠다며 고개만 젓고 있는 실정입니
다.
오늘은 녀석 친구들과 얘기를 나누었습니다. 같이 놀러다니는 것만 친구가 아니다,
친구가 학교를 잘 다닐 수 있도록 도와주는 게 정말 친구가 아니겠느냐고 했습니다
만, 그 친구들도 아무리 얘기해도 안 듣는다고 하더라고요.
어쩌면 좋습니까?

또 다른 길을 보여 주는 것도 교육입니다

얼마 전, 잘 아는 행정실 여직원이 동생 문제로 조언을 구하고 싶다며 상담실로 찾아왔습니다.

사연인즉, '공고 2학년에 다니는 남동생이 뚜렷한 이유도 없이 학교를 안 다니겠다면서 친구 집을 전전하고 다닌다. 부모님과 자신이 아무리 타일러도 말을 듣지 않는다. 대체 왜 학교를 다녀야 하는지 모르겠고, 굳이 학교를 안 다녀도 살아갈 자신이 있다고 한다'는 것이었습니다.

저는 그와 비슷한 처지의 제 조카(공고를 그만두고 떠돌다가 우여곡절 끝에 다시 복학한)를 예로 들며 이런 이야기를 해 주었습니다.

'본인의 마음이 돌아서고 나니까 어쩔 수 없더라. 동생도 마찬가지일 거다. 마음이 아프지만 어쩌겠냐. 설득은 한계가 있다. 본인에게 어떤 계기가 있어야 한다. 그 계기는 결국 자신의 삶 속에서 스스로 만나는 거다. 이건 주위 사람들이 대신 해 줄 수 있는 게 아니다. 온 가족이 모인 자리에 불러다 놓고 아주 냉정하게 선을 그어 이야기해라. '좋다. 너하고 싶은 대로 한번 해 봐라. 대신 이제부터 니 인생은 니가 책임지겠다고 약속해라. 어떤 어려움이 닥쳐도 부모를 원망하거나 가족에게 손 벌리지 않겠다고.' 그렇게 해서 잘 살면 다행이고, 못 살고 돌아오면 받아주면 된다. 세상살이가 생각처럼 그리 만만하지 않다는 걸 일찌감치 경험하는 것도 좋은 공부다. 1, 2년 늦게 졸업한다고 인생 낙오자가 되지는 않는다. 어차피 동생이 공부로 먹고살 처지는 아니지 않느냐.'

얼마 뒤 그 여직원은 동생이 마음을 돌렸다며 고마워하더군요.
문제 학생의 학부모에게도 이런 해결 방식을 권해 보면 어떨까요?
결코 아이를 포기하자는 말이 아닙니다. 일시적인 충격요법도 아니고요.
보나마나 학부모도 아이도 선생님도 다들 지쳐 있을 겁니다.
"그래도 고등학교는 졸업해야지."
"싫어요!"
이런 대화가 아마 수십 번은 오갔을 것입니다.
학교가 짜증스럽지만 억지로라도 거쳐야 하는 과정이라는 말은 고등학교 2학년쯤에 이르면 약발이 떨어지고 맙니다. 어른들의 훈계나 충고는 언제 들어도 그 소리가 그 소리여서 지겹기만 하고요. 그래서 긴 안목으로 방향을 아예 바꾸어 잡아 보라는 겁니다.
그런 과정에서 선생님께서는 아이가 학교를 그만두기 전에 단단히 마음의 준비를 시켜야 합니다.
인터넷 카페에서 탈학교 모임을 찾아 들어가면 학교를 그만둔 아이들이 어떻게 살아가는지 자세히 알 수 있습니다. 그런 정보도 스스로 파악할 수 있도록 도와야 합니다. 말하자면, 아이에게 자신의 선택이 과연 옳은지 다시 한 번 판단하도록 하는 겁니다.
카페를 통하면 자퇴생을 직접 만나 볼 수도 있겠지요. 더불어 제도권 학교 밖에 있는 배움터들에 대한 정보도 풍부하게 제공하세요.
이제까지 무조건 붙잡는 사람만 보다가 "그래, 정 그러면 떠나거라. 내가 도와줄게" 했을 때, 아이는 뜻밖의 반응에 놀라면서도 새로운 도전 앞에서 진지한 고민을 할 겁니다. 다행히 그 고민이 생각을 접는 것으로 결론이 나면 좋겠지만, 아니라도 실망할 필요는 없습니다.

"난 모든 사람이 꼭 제도권 교육을 받아야 한다고 생각하지는 않아. 학교만이 배움터는 아니니까. 난 너를 믿어. 설마 아무 생각도 없이 무작정 학교를 그만둘 리야 있겠니? 너도 나름대로 다 계획이 있을 테지. 살다가 어려운 일이 있거든 언제든 찾아와라. 이 세상 어딘가에 너한테 꼭 어울리는 학교와 선생님이 있을 거야. 내가 그런 선생님이 못 돼 미안하구나."

제도권 교육에 적응하지 못하는 아이에게 또 다른 길을 열어 주는 것, 저는 이것이 이 시대의 교사에게 요구되는 또 하나의 역할이라고 생각합니다. 변해도 엄청나게 변해 버린 아이들을 학교가 과연 다 끌어안고 갈 수 있을까요?

이번 일이 선생님에게 공교육의 한계, 그리고 그 한계를 뛰어넘을 수 있는 방안, 나아가서는 교육의 본질에 대한 진지한 성찰의 계기가 되기를 빕니다.

강철오 경남 밀성여중 교사

연예인에 대한 집착이 지나칩니다

중2 여학생이 있는데 인기 그룹의 '광팬'입니다. 책상이나 공책을 좋아하는 그룹 이미지로 도배하는 것은 물론, 방과 후에는 부모님께 거짓말을 하고 소속사나 그룹 숙소를 찾아가 대기하는 것이 일과일 정도입니다. 당연히 학교 공부도 소홀히 하고, 종례나 청소를 빼먹고 도망치는 경우도 잦습니다. 부모님은 서로 사이가 좋지 않은 데다 시간이 없어서, 아이에게 신경을 많이 쓰지 못하는 처지입니다. 게다가 사안을 말씀드리면 아이를 무조건 폭력으로 다스리기 일쑤여서, 무단결석을 해도 선뜻 전화 드리기가 어렵습니다.

사안이 생길 때마다 아이를 불러 혼도 내보고, 타일러도 보고, 사정을 봐 주어 주기적으로 조퇴를 허용하는 '각별한 애정'도 보였지만, 생활 태도에 변화가 없습니다. 가끔은 콘서트나 방송에 가야 한다며 조퇴를 시켜 달라고 떼를 쓰기도 합니다. 안 해 주면 무단조퇴를 감행합니다. 어떻게 지도하면 좋을까요?

성숙하고 멋진 팬이 되게 도와주세요

팬클럽 활동에 몰두하는 아이 때문에 근심하고 계신 분들이 적지 않으리라 생각합니다. 부모님과 선생님이 아이와 눈높이를 맞춰 충분히 '대화' 했다고 생각하고 이후 행동의 변화를 아무리 기다려도, 아이는 자신의 '사랑' 이 식기 전에는 좀체 달라질 기미를 보이지 않지요. 하지만 안타깝게도, 교사와 학생 사이의 신뢰와 상관없이 '사랑' 에 빠진 아이를 타이르거나 혼내는 것은 효과가 없답니다. 물론, 선생님의 글에서는 각별한 애정이 느껴집니다. 그렇다면 아이의 사랑이 식기를 성급하게 기다리지 말고, 오히려 스스로 성장할 수 있도록 배려해 주시는 건 어떨까요?

이렇게 생각해 보세요. 스타와 '사랑' 에 빠질 수 있는 아이들은, 심드렁하게 주변 어떤 것에도 무관심한 아이들보다 오히려 다양한 가능성을 가지고 있다고 말입니다. 좋아하는 만큼 표현하고, 그것을 보여 줄 줄 아는 아이라면 다른 일에도 이런 에너지를 집약할 수 있는 능력이 충분하기 때문입니다.

다만, 낭비한 시간을 후회하는 일이 생기지 않도록 교사의 '권력' 을 발동해야 합니다. 사안에 따라 조퇴를 허용해 주는 것은 그리 좋은 방법이 아닌 것 같습니다. 특히 숙소 앞에서 밤을 샐 경우, 기획사의 관리권 밖에 있는 백댄서들과의 어정쩡한 친분 때문에 곤란한 일이 생길 수도 있습니다. 또, 지방 공연에 따라가고 싶은 마음에 본의 아니게 가출을 감행하는 아이들도 있답니다.

교사와 가정의 살뜰한 생활 관리가 필요합니다. 하지만 역시 혼내거나 타이르는 것은 효과를 거두기가 어렵습니다.

가능하면 아이 스스로 자제하거나, 성숙하고 멋진 팬이 될 수 있게 유도해 보세요. 그리고 '사랑'을 위해 참는 법도 알려 주시고요.
예를 들어, '보고 싶고 궁금하다고 학교생활을 소홀히 한다면 당당하고 멋진 팬이 될 수 있을까'에 대해 아이 스스로 생각해 보게 하는 겁니다.
또, 숙소 앞에 가서 밤을 샌다면 혹시 팬클럽의 임원인지 물어보시고, 임원이라면 다른 팬들에게 모범이 될만한 생활 관리를 하고 있다고 생각하는지 스스로 반문하게 하세요.
콘서트에 가야 한다고 하면, 주말 표를 구할 수 없는지 물어보시고, 그럴 수 없다면 "너의 사랑은 꼭 가까이서 보아야만" 되는 정도의 사랑인지 반문해 보세요. 또, 방송국에 가야 한다고 하면 방송국 응원노 중요하지만, 온라인으로 지원하는 것 또한 얼마나 큰 도움이 되는지 생각해 보게 하시고, 자기 관리를 잘하는 팬이 다양한 방식으로 응원해 줄 때 더 멋진 스타가 될 수 있다고 설득해 보세요.

다시 말해, 생활 관리가 반듯하고 대중문화에 대한 이해가 깊은 팬, 사회의 큰 흐름 속에서 자신의 스타를 아낄 줄 아는 진정 '내공 있고 멋진 팬'이 되기 위해 노력하는 쪽으로 이끌어 주세요.

현지영 전 하자센터 교육문화사업팀장

아이들이 관심사를 펼칠 장이 필요합니다

늘 발 동동 구르며 아이들과 함께 지내는 우리 교사들은, 어쩌면 아이들처럼 내내 사춘기를 겪는지도 모르겠습니다.

청소년과 어른을 가르는 차이가 있다면 문화를 누리고 발산하는 방식의 차이일 것입니다. 90년대 이후 그 거리는 확연히 커져, 저를 포함한 기성세대들은 힙합이니 광팬이니 뭐니 하며 거리를 휩쓰는 문화를 이해조차 할 수 없었지요.

그래도 소풍이나 축제 때 그들의 노래와 춤을 흉내 내며 같이 어울리려고 무던히 애쓰던 기억이 납니다. 아이들은 선생이 자신들의 문화를 흉내 내는 것만으로도 열광하더군요. 그러나 깊은 공감대가 형성된 것은 아니었습니다. 그저 '요즘 아이들은 참 별스럽다' 싶기만 했지요.

헌데 중3짜리 딸을 키우면서 그런 아이들의 태도를 보는 눈이 좀 달라졌습니다. 음악과 춤을 즐기고, 연예인의 동정에 관심을 갖는 것이 시간과 감정의 소모라기보다는 청소년기 뜨거운 감정의 해소책이라는 점을 이해하게 되었지요.

'만약 연예인을 좋아하지 않았더라면 다른 문제들로 얼마나 힘들었을까, 참 다행이다' 싶기도 했고요. 선생님네 학생도 그렇게라도 마음을 줄 수 있는 대상이 있었으니 망정이지 그렇지 않았다면 다른 문제에 빠져 허덕거렸을지도 모릅니다.

수업까지 빼먹으며 연예인을 쫓아다니는 아이와 그런 아이를 무조건 폭력으로 대하는 부모님 사이에서 선생님은 당연히 아이 편을 들어 주셔야 합니다. 아이의 행동이 옳아서가 아니라, 그렇게나마 이해하려 할 때 대화가 시작되기 때문이지요. 아마도, 그 부모님께서는 딸을 당신의 기준에 맞추려고만 하셨지, 아이가 왜 그러는지 이야기 한번 제대로 나누지 않았을 수도 있습니다.

혹시, 아이가 다른 문제를 겪고 있지는 않은지, 그 스트레스를 스타에 대한 집착으로 드러내고 있는 것은 아닌지 살펴볼 필요가 있습니다.

이 글을 쓰면서 좋은 답이 없을까 싶어 우리 반 카페에 가서 아이들과 채팅을 했습니다. 그랬더니 중3 우리 아이들이 "소수의 문제는 언제나 있을 수 있어요. 그 소수를 변화시키려면 연예인을 대신할만한 즐겁고 행복한 일을 찾아 주어야 해요"라고 말하더군요.

아이들 말에 길이 있는 것 같습니다. 쉽지는 않겠지만 그 아이가 흥미를 붙일만한 '그 무엇'을 찾아 주는 것이 부모나 교사의 과제이겠지요.

일방적인 거절과 부정은 오히려 역효과를 가져옵니다. 아이들은 인정해 주고 기다려 주면 스스로 조절하기도 합니다.

단, 변화가 단숨에 오지 않는다는 것을 꼭 명심하시고요.

김인순 전남 목포 하당중 교사

신뢰

뛰어난 교사는 자기 생각(will)을 남에게 강요하지 않는다.
그는 자기 학생들의 마음을 자기 마음으로 품고 일을 한다.
선(善)한 학생을 선하게 대하고, 선하지 않은 학생도 선하게 대한다.
이것이 진짜 선(善)이다.

그는 믿음직한 학생을 믿고, 믿음직하지 못한 학생도 믿는다.
이것이 진짜 신뢰다.

뛰어난 교사의 스타일은 열려 있는 하늘과 같다.
학생들은 그를 이해하지 못한다.
다만, 그를 존경하고 그에게 자신을 열어 놓는다.
교사는 그들을 자기 지체(肢體)인 양 신뢰한다.

— 《배움의 도》, 페멜라 메츠 지음, 이현주 옮김, 민들레

사사건건 튀는 아이, 교실 분위기가 잡히지 않습니다

새 학년 첫 주부터 '튀는' 아이가 있습니다.
1년 학급운영 계획을 소개하고 이러저러한 행사 계획을 발표하면, "귀찮게 그런 거 뭐 하러 해요" "그거 해 봤는데 재미없어요" 하면서 주머니 속의 송곳처럼 툭툭 불거집니다. 순간 교실 분위기는 썰렁해지죠. 그뿐 아니라 처음부터 청소에 빠진다거나 준비물을 가져오지 않기 일쑤여서 학년 초 교실 분위기를 다잡는 데 곤란을 겪습니다. 다른 아이들에게 끼칠 영향을 고려해서 엄한 벌로 다스리고 싶은 유혹에 빠지기도 하나, 그것이 능사는 아닌 듯해서 선뜻 손이 나가지 않습니다. 지난해에도 이런 몇몇 아이들 때문에 처음부터 교실 분위기가 흐트러져 애를 많이 먹었습니다. 담임을 어려워하거나 신경 쓰는 것도 아닌 것 같았고요.
학기 초부터 '튀는' 아이들을 어떻게 하는 것이 좋을까요?

교사의 실천의지가 곧 설득력입니다

'학기 초에 시범으로 몇 명만 확 잡으면 1년이 편해진다.'

이 유혹에 넘어가서는 안 됩니다. 비교육적일 뿐 아니라 잘못했다가는 극한 상황으로 치달을 수 있으며, 궁극적으로 인간의 마음을 움직일 수 없기 때문입니다. 체벌보다는 마음을 움직일 수 있는 방법이 필요한데, 이 경우 중학생과 고등학생의 대응 방식이 좀 달라야 합니다.

중학생들은 아직 자기 영역이 확고하게 만들어지지 않은 상태여서 교사의 접근이 비교적 쉽습니다. 튀는 아이들을 인정해 주고 자주 대화를 나누어 마음을 열게 해야 합니다. 그리고 학급운영에 방해가 되는 말이나 행동을 자제해 줄 것을 부탁해야 합니다.

담임교사가 진심을 담아 협조를 부탁하면, 아직 어리고 순진한 면이 있어서 이해하고 따라 줍니다. 어떤 경우엔 담임교사의 적극적인 후원자로 바뀔 수도 있습니다. 물론 단시간에 가능한 일은 아닙니다.

이때 다른 학생들이 담임이 편애한다거나 그 아이들의 눈치를 본다고 오해할 수 있다는 점을 유념해야 합니다. 그렇기 때문에 학급 전체에게 학급운영 전반, 특히 담임교사가 목표로 하는 학급이 어떤 것인지, 그것을 이루기 위해 어떤 활동이 필요하며, 학생들의 어떤 협조와 활동이 필요한지를 자세하게 설명해야 합니다. 그런 과정에서 '튀는' 아이들에 대한 수용이 이루어질 때 융화가 가능해집니다.

고등학생의 경우는 좀 다릅니다.

이미 그들은 학교생활에서 산전수전 다 겪은 데다 자기 영역을 확고하게 구축하고 있습니다. 당장 그 마음에 들어가거나 생활 방식에 영향을 주기는 힘듭니다.

너무 서둘지 않는 것이 좋습니다. 아이들의 존재를 인정해 주면서 학급운영에서 담임의 영역 역시 존중해 줄 것을 부탁합니다. 일종의 '빅딜'이라고 할까요? 그렇게 출발해야 반발과 충돌이 적습니다. 그러면서 천천히 담임이 학급을 운영하는 방식을 인정하게 해야 합니다.

적절한 거리를 두면서, 동시에 학급운영에 방해가 되는 행동이나 말을 삼가고, 자신들의 존재가 손상되지 않는 한도에서 학급활동에 참여하도록 권고합니다. 담임의 진심이 통하면 시간이 흐르면서 그들도 담임의 영역과 활동을 존중하게 됩니다. 마음을 여는 녀석들도 하나둘 생겨납니다.

아이들이 배타적으로 돌아서기까지는 수많은 교사들의 영향이 있었으며, 그 영향으로 학교와 교사에 대한 불신과 냉소를 품게 된 경우가 많습니다. 그런 아이들이기 때문에 학년 말까지 담임교사와 좋지 못한 관계가 이어질 수 있으며, 끝까지 학급운영의 방관자로 남기도 합니다. 그러나 포기하지 않고 꾸준히 관심을 보이면서 이끈다면 학년이 지나서라도 마음을 엽니다. 그때는 정말 미안했는데 말을 할 수 없었다면서 말입니다. 그것도 보람이겠지요.

중학생이든 고등학생이든 학급활동을 하며 깨우쳐 주어야 할 가장 중요한 것은 담임교사가 하는 학급활동이 '재미'를 위한 것이 아니라는 점입니다. 재미를 위한 것이라면 놀이공원에 가거나 재미있는 게임을 하면 되겠지요.

교과에는 교과과정이 있듯이 학급운영에도 목표에 도달하기 위한 일련의 과정이 있습니다. 그것이 학급활동입니다. 공부가 하기 싫듯 때로는 학급 구성원으로서 하는 활동이 싫을 때도 있겠지만, 여럿이 함께 함으로써 스스로를 도울 수 있는 소중한 인간 교육과정이므로 같이 하자고 설득해야 합니다.

학급활동에 앞서 담임교사는 자신의 교육철학을 점검하고 학급운영의 목표를 세워 놓아야 합니다. 학생들은 말은 하지 않지만 신념을 가진 교사를 알아보는 눈을 가지고 있습니다. 그 신념은 실천하는 과정 속에서 힘을 발휘하게 됩니다. 그 힘이야말로 학생들을 변화시키는 근본이 됩니다.

박현숙 경기 장곡중 교사

문제 해결 대화 기법을 활용해 보시길

학급활동을 하다 보면 꼭 나서서 초를 치는 녀석들이 있습니다. 그럴 때면 화도 나고 맥도 풀립니다.

그러나 그럴수록 혹시 나에게 문제가 없는지 돌아보는 여유가 필요합니다. 아이들과 회의를 거쳐 합의한 내용인지, 혹 예전 학생들이 좋아했기에 올해도 또 해 보자고 혼자 밀어붙인 것은 아닌지, 혹은 아이의 말이 나에 대한 반항이나 도전일 것이라고 오해하고 단정 짓지는 않았는지.

그 다음 '아이가 왜 그랬을까?' 추측해 봅니다.

선생님은 신나도, 아이들은 그렇지 않을 수도 있습니다. 여러 가지 저마다 다른 이유들로 안 좋은 기억이 있거나, 시간이 없다거나, 다른 약속이 겹쳤거나, 아니면 학급에서 행사를 같이 할 친구들과 지금 사이가 안 좋거나……. 정말 다양한 이유가 있을 수 있습니다. 혹은 선생님을 탐색하기 위해 일부러 그러는 아이들도 있고, 성격상 왜 해야 하는지 이유를 정말 알아야만 하는 아이도 있습니다.

학급 행사를 하는 목적이 공동체를 튼튼히 만들고 친밀한 관계를 지속적으로 발전시키기 위한 것이라면, 아이들이 튕기고 거부하더라도 일단 받아들여야 합니다. 그리고 터놓고 물어보는 겁니다.

"너는 이 행사가 싫으니?"라고 물으면, 아이는 "네" "싫어요!" 하기 마련입니다. 이때 "너는 다른 생각을 가지고 있구나?" 하고 되물으면 이런저런 대답이 쏟아져 나옵니다.

올바른 판단을 하기 위해서는 많은 정보를 알아야 하잖아요.
선생님이 단정 지은 이유 말고 아마 다른 까닭이 더 있을 겁니다. 성급하게 단정 짓고 말하거나 행동으로 옮기면, 그 학생과의 관계뿐만 아니라 다른 학생들과의 관계도 어렵게 됩니다.
선을 긋기보다는 어떻게 하면 갈등을 없앨까, 아니면 갈등을 함께 풀고 관계를 유지할까, 이게 관건입니다.

일단 학생의 마음을 잘 살피고, 그 다음에 '문제 해결 대화'로 들어가 보면 어떨까요? 문제 해결 대화란 갈등이 생겼을 때, 어느 한쪽이 이기거나 져서 마음을 다치거나 감정이 상하지 않도록 서로의 문제를 깊이 알게 해서 협력하여 해결 방법을 찾아내는 대화입니다.

문제 해결 대화
1단계 문제가 무엇인가 문제(갈등)를 규정한다.
2단계 브레인스토밍을 통해 가능한 해결책을 내놓는다.
3단계 해결안들을 평가한다.
4단계 최선의 해결책을 결정한다.(모두 함께 동의해야 한다.)
5단계 해결책을 실행할 방법을 결정한다.
6단계 해결책이 어느 정도로 문제를 해결했는지 평가한다.

학생의 마음을 이해하고 수용하려는 선생님의 진심이 전달된다면, 아이들은 선생님을 믿고 따라오게 될 것입니다.

또한 문제 해결 대화가 능숙하지 않아, 단계를 옆에 써 놓고 '자 이번엔 이것을 해야지' 하면서 하더라도 자신의 의견을 무시하지 않고 같이 의논을 해 주었다는 사실만으로도 아이들은 상당한 만족감을 얻습니다. 아이들은 자신들의 의견을 존중하는 교사를 경험한 적이 많지 않거든요.

당사자의 감정을 무시한 채 야단을 치거나 억지로 참여시켜 관계가 깨진다면, 이 일뿐 아니라 다른 일에도 알게 모르게 영향을 끼쳐 1년 내내 갈등 관계가 지속되기 쉽습니다.

학급 행사는 학급 구성원들의 관계 성장을 돕기 위한 활동입니다. 자칫 진행에만 목적을 두었다가는 더 큰 것을 잃을 수도 있습니다. 참여에 상관없이 한 명이라도 따돌림받거나 상처받지 않도록 아이들의 의견에 공감하고 배려하는 순간, 과정도 교육이 됩니다.

교실에서 벌어지는 어떤 활동이든 관건은 아이들의 '공감' 입니다.

이명남 서울 영서중 교사

판결 보류

교사가 판결을 내리는 주장을 하면 아이의 학습에 방해가 된다. 그런 주장의 횟수를 줄이기 위해서 어떤 학교에서는 이러한 방법을 이용했다. 하루 또는 1주일 동안 학생들에게 붙여준 형용사의 개수를 기록하라고 교사들에게 부탁했다. 교사들로 하여금 판결을 보류하도록 유도하는 데 그 목적이 있었기 때문에, 부정적인 판단 긍정적인 판단 모두 기록되었다.

교사 자신이나 그가 지정한 감시자가 기록을 했다. 어떤 교사들은 테이프에 녹음을 했다. 교사들은 자기들이 사용하는 말 속에 판결을 내리는 형용사들이 얼마나 많이 섞여 있는지를 의식하게 되었다. 맞고 틀리고, 좋고 나쁘고, 영리하고 멍청하고, 깔끔하고 칠칠찮고, 총명하고 어벙하고, 귀엽고 밉고 등의 형용사들이 말이다. 수업을 테이프로 녹음했던 두 교사는 괴로워하면서 다음과 같이 자신들에 대해 평가를 내렸다.

"좋은 의도를 가지고도 내가 학생들의 마음에 상처를 주는 말을 하는 소리를 듣고는 놀랐어요. 테이프를 꺼버리고 싶었어요. 내가 갖고 있던 철학과는 거리가 먼 소리들이 들렸기 때문이었어요. 테이프 하나의 충격만으로 충분했어요. 교육자로서 내 자신의 초라한 모습을 인정하고 교육방법을 수정해야겠다고 마음먹었어요."

― 《교사와 학생 사이》 하임 G. 기너트 지음, 신홍민 옮김, 양철북

아이가
혼자
겉돌고 있습니다

중3 담임입니다.
3월이 지나면서 학급에서 친한 아이들끼리(특히 여학생) 자연스럽게 그룹을 만들었습니다. 그런데, 여학생 윤미가 어디에도 속하지 않은 채 혼자 겉돌고 있습니다. 처음에는 '왕따'가 아닌가 걱정했으나 이야기해 보니 '다른 아이들과 번잡스럽게 어울리는 게 싫어서 혼자 있는 거니 그냥 두라'고 합니다.
윤미는 성적도 중상위권에 속하고, 겉으로 드러나는 특이점도 없습니다. 쉬는 시간이면 혼자 책을 보거나 다른 반에 있는 단짝 친구를 만나러 갑니다. 그런 윤미에게 다른 아이들도 그러려니 하면서 별 관심을 두지 않습니다.
한 학급원으로 잘 어울려 지내게 하고 싶은데, 서로 관심을 보이지 않으니 뾰족한 방법이 떠오르지 않습니다. 그냥 지켜보는 게 나을까요?

다름을 인정해 주세요

아이가 겉도는 것 같아 걱정이라는 생각에는 교사의 집단중심적 사고가 전제되어 있는 게 아닐까 싶습니다. 보통 교사들에게는 자신의 생각이나 학급운영에 대해 모든 아이들이 수긍하고 따라 주길 바라는 마음이 있다는 것이지요. 교사의 학급운영 방식이 40명도 넘는 모든 아이들에게 항상 최선일 수는 없습니다. 그럼에도 많은 교사들은 모든 학생들이 어쨌든 교사의 뜻대로 따르는 것이 옳다고 생각하는 것 같습니다.

요즘 아이들은 자기 생각과 전체의 생각이 다를 때, 자기의 생각을 버리는 것이 미덕이 아니라고 생각하는 세대입니다. 따라서 단순히 학급운영의 편의를 위한 단합은 무의미하다고 생각합니다.

모든 아이들이 한 방향을 향하게 할 것이 아니라, 한 곳을 바라보되 각기 다른 방향으로 갈 수 있음도 인정하는 것이 중요합니다. 교사가 보기에는 '1'일지 몰라도 분명 그것은 '1'이 아니라 '40'인 것입니다. 물론 '다름'을 인정하고 수용하기 위해서는 교사에게 폭넓은 사고와 기다림, 유연함, 신뢰가 전제되어야 합니다.

나무는 보되 숲을 보지 못하는 편협함이나, 결과를 빨리 확인하고자 하는 조급증을 가질 때 교사의 시도는 실패하고 맙니다. 성급하게 학급 구성원 모두를 하나로 만들려는 노력이 더 바람직하지 못할 수도 있다는 말이지요. 그 과정에서 '다름'이 '차별'이 되고 '우열'이 되어 우월감, 열등감, 불신을 낳을 수 있기 때문입니다.

특히, 윤미처럼 단지 '아이들과 번잡스럽게 어울리기가 싫은 것이니 걱정하지 말라'는 아이는 나름대로 독립성을 가지고 있다고 판단되므로 크게 걱정하지 않아도 될 것 같습니다.

그렇지만, 윤미에게 최소한의 공동체적 삶의 태도를 가르칠 필요는 있습니다. '전체를 위한 자기의 희생' 차원에서가 아니라 '자신을 위한 것'임을 인식하게 한 뒤 '조화를 추구하는 것이 필요하다'고 설득하는 것이지요.
또, 아직은 미완성의 청소년기에 있는 만큼 열린 사고로 나와 다른 사람들을 볼 수 있는 마음의 여유를 가질 것을 권해 보는 방법도 좋습니다. 자신의 다름을 존중받기 위해서는 다른 사람의 다름도 인정해야 하므로 항상 타인의 생각에도 귀 기울일 줄 알아야 한다고 말입니다.

한 가지만 더 말씀드리면, 윤미와 같은 학생을 받아들이는 훈련은 다른 아이들에게도 의미 있는 교육이 될 수 있다는 것입니다. 이런 경험을 통해 다양성을 받아들이는 것이 민주주의를 개념으로 배우는 것보다 훨씬 중요하니까요. 이러한 과정은 윤미뿐만 아니라 교사 자신도 크게 성장하는 발판이 됩니다.

배경숙 서울 진명여고 교사

> **신뢰를
> 쌓은 뒤에
> 다가가세요**

우리 반 현아도 그랬습니다. 혼자 있는 것을 더 좋아했지요. 쉬는 시간이면 늘 혼자 이어폰을 끼고 앉아, 연습장에 무언가를 적곤 했습니다. 다른 아이들은 현아의 그런 모습을 그러려니 여겼고요. 현아는 학급 행사에 빠지는 일도 잦아서 차츰 모든 일에서 당연히 없는 아이 취급을 받았습니다.

담임으로서 그런 현아를 그대로 두기에는 마음이 편치 않아 현아에게 관심을 기울이기 시작했습니다. 현아가 즐겨 듣는 노래를 저도 같이 들으며, 그 가수의 음악 세계에 대해 자주 대화도 나누고, 현아의 집도 가 보았습니다. 종종 이메일을 주고받으며 미처 몰랐던 아이의 개인사도 알게 되었습니다. 현아와 개인적인 신뢰도가 어느 정도 쌓이면서 저는 이런 요지의 바람을 이야기했습니다.

"나는 현재 현아 개인의 삶도 존중하지만, 함께 하는 삶을 통해 더 성숙해졌으면 좋겠다. 다양한 경험과 만날 때 삶은 더 깊고 넓어진다."

처음에는 망설이던 현아가 조금씩 자기를 드러내기 시작했습니다. 다행히 그런 현아를 반 아이들 모두가 따뜻이 감싸주었고요.

물론 저마다의 다양한 삶을 있는 그대로 인정하는 것이 중요합니다. 하지만, 그것이 서로 소통하는 가운데 엉글고 성숙하지 않으면 '자기만의 세계'로 빠져들기 쉽습니다. 신뢰를 바탕으로 그런 소통과 조화를 돕는 것이 담임의 역할이겠지요.

최종현 경기 가평고 교사

판타지 소설에 빠져 헤어나질 못합니다

중3인 남자아이가 판타지 소설에 푹 빠져 있습니다. 소설 읽는 것 말고는 하는 일이 없을 정도입니다. 수업 시간에 몰래 보다가 혼나기 일쑤요, 밤늦게까지 보다 지각하는 일도 잦습니다. 물론 숙제나 수행평가 같은 것은 거의 하지도 않습니다. 운동장에 가서 공이라도 차라고 잔소리하면 마지못해 움직이는 척하지만, 그때뿐입니다. 부모님도 고민을 하소연합니다.
어떻게 해야 하나요? 좀 기다려 보면 나아질까요?

그들의 세계를 공유하는 것이 중요합니다

어른들이 간과하는 사춘기 아이들의 특성 중에는 환상과 영혼의 세계에 대한 관심이 높아진다는 점이 있습니다. 그래서 이 시기에는 종교나 철학적 질문에 빠지기도 쉽고 자기만의 환상의 세계에 몰입하기도 합니다.

아이들이 인터넷 게임에 빠지는 것도(물론 게임 자체의 재미도 크겠지만) 게임들이 가지고 있는 가상현실의 세계 즉 환상의 세계가 아이들을 유혹하는 면이 강하다고 봅니다.

우리 반(중3)에도 판타지에 빠진 녀석들이 많습니다.

꼭 공부 못하는 녀석들만 그러는 것도 아닙니다. 성실하고 흠잡을 데 없던 녀석이 2학기 들어 산만해지고 짜증을 잘 부리길래, 부모님과 상담을 해 보니 여름방학 이후 판타지 소설에 빠져 집에서도 문제가 많았답니다. 할머니께 대들고 밤에 잠도 안 자고, 당연히 공부도 안 하고…….

외고 입시를 준비하는 우리 반 1등, 그 녀석도 틈나는 대로 엄마 눈을 피해 판타지를 즐깁니다.

그 아이들과 상담을 하면서 혹시 소설 속 세상과 네가 살고 있는 현실이 헷갈리거나, 현실에 대해 실망할 때가 있는지 물어보았습니다. 그런 경우라면 전문가의 상담 치료를 받아야 하니까요. 한 아이는, 지금은 하도 많이 읽다 보니 그게 그거더라고 좀 덜 읽는다고 하네요.

사실 판타지에 빠진 아이들을 건지는 방법은 따로 없다고 봅니다.

다른 어떤 것도 그렇지만 아이들이 한번 관심을 갖기 시작하면 그것을 말리기는 어렵습니다. 술이나 담배, 야동 등 상대적으로 위험한 것들을 만날 수 있는 상황 자체를 만들지 않도록 한다면 좋겠죠. 그럴 수 없다면 이를 대신할 재미난 읽을거리를 던져 줄 수 있다면 좋을 텐데, 판타지를 즐겨 읽는 아이들의 층이 앞에서 말씀드린 것처럼 단순하지 않습니다.
그래서, 독서력이 약하고 애초에 어렵고 의미 있는 책에 등 돌린 아이라면 요즘 많이 나오는 〈노빈손 시리즈〉 같은 쉽고 재미난 책이나 《맨발의 겐》 따위 괜찮은 만화책으로 관심을 돌려주곤 합니다. 하지만 어지간한 책들을 읽을 만큼 읽은 아이가 판타지에 빠졌을 때, 제가 쓰는 방법은 '실컷 읽어 봐라' 입니다.

최근 들어 급격히 늘긴 했지만 우리나라 판타지 소설 시장은 바닥이 얇습니다. 그렇다고 아이들이 진정한 판타지 소설의 시장 바닥을 다 뒤져 외국 소설까지 찾아 읽지도 않습니다. 아이들은 어쩌면 판타지 소설의 그 반복되는 패턴, 인터넷 게임과 무언가 상통하는 분위기, 무협성 따위의 가벼움에 매료되는 것일지도 모르니까요. 그래서 차라리 질릴 때까지 읽으라고 합니다. 아주 특별한 경우가 아니면 대여섯 달 이상 소설에 빠져 지내는 아이는 별로 없습니다.
물론 아이에게 '실컷 읽어 봐' 라고 말해 놓고 그냥 둘 수는 없습니다. 틈나는 대로 아이를 만나 요즘은 무슨 책을 읽고 있는지, 책 내용은 어떤지 묻고 가끔 그 책을 빌려 달라고 하여 조금이라도 읽고 아는 척도 해 보고, 위에서 말한 다른 재미난 책을 권하며 관심도 분산시켜 봅니다.

아이들이 환상의 세계와 현실을 헷갈려하지 않도록 자주 상담해 줄 필요도 있습니다. 아무 이유 없이 재미로 빠져드는 아이도 있지만, 현실이 힘겨워서 그 쪽으로 빠지는 아이라면 현실을 이겨낼 힘을 보태 줄 필요가 있습니다. 그리고 조금이라도 그런 문제가 해결될 수 있도록 도와주어야 합니다. 설령 문제를 해결해 줄 수는 없더라도 그 때문에 아이가 느끼는 고통을 상담을 통해 표출하고, 자기 고민을 공유할 사람이 생겼다는 안도감을 맛보게 해야 합니다.

이때, 아이가 보는 소설에 대해 '그런 이상한, 썩어 빠진 소설을 읽다니…….' 하는 반응을 보이지 않도록 조심해야 합니다. 설사 소설에서 빠져나오지 못하더라도 아이는 자기가 사랑하는 세상에 대해 공유할 사람이 어른들 중에도 있다는 사실에 기뻐하기도 합니다. 아이가 먼저 "선생님, 이거 재밌어요. 빌려 드릴까요?" 이렇게 나올 경지에 이른다면 그 아이 손을 이끌고 판타지 소설의 늪에서 빠져나오는 것은 그리 먼 일이 아닙니다.

안정선 서울 경희중 교사

하위문화로 인정하면서 적절한 비평을

"그런 책은 3류니까 읽지 마라."

청소년 베스트셀러에 대해 이렇게 말하는 교사는 비평의식을 지닌 사람입니다. 그러나 안타깝게도 그런 교사는 학생들이 '3류책'을 읽는 문화에 대해 별 대응력을 지니지 못하기 쉽습니다. 사람의 욕망에 맞춘 책은 '읽지 말라'고 해서 읽지 않을 수 있는 것이 아닙니다.

그간 학교에서는 학생들에게 그네들의 욕망을 다룬 책을 읽지 말라고 많은 시도(공격)를 해 왔습니다. 그럼에도 학생들은 그 공격을 피해 계속 그 책을 읽어 왔습니다. 비평 언어로는 교사가 이기지만 학생들은 논쟁에서 졌다고 자기 것을 버리지 않습니다. 그런 문화는 저질이라고 낙인찍는다고 해서 사라지지도 않습니다.

사실 어른들도 '하위문화'를 즐깁니다. 뭇 여성들은 그 줄거리가 신데렐라와 크게 다르지 않은(청순가련형 여성이 능력 있는 남자를 만나서 어려움을 극복하고 잘 된다는) 텔레비전 드라마를 즐기며, 많은 남성들은 주인공이 폭력으로 어려움을 뚫고 나가는, 파시즘적인 영화를 즐깁니다.

그것은 하위문화가 세상살이에서 지친 몸을 위로해 주는 속성이 있기에 그렇습니다. 하위문화가 문제가 되는 것은 고급문화인 척하거나 고급문화를 덮어 버릴 때입니다. 하위문화가 하위문화로 고급문화와 나란히 놓이는 상황은 자연스럽고 문제가 되지 않습니다.

학생들이 열광하는 무협 판타지 소설이나 감성 소설에 대해 이야기를 나누어 보면 이런 문화에 어떻게 대응해야 할지가 뚜렷해집니다. 그 책들을 옹호하는 학생들도 그것이 수준 있다고 여기지는 않습니다. 유치한 줄 알지만 재미가 있어서 자꾸 읽게 된다는 것입니다. 교사가 그 책의 재미를 인정해 주면 학생은 교사에게 마음의 빗장을 치지 않게 됩니다. 재미를 인정해 주되, 대신 그 책이 사실 우리 삶에 별로 도움이 안 된다는 점을 인정받는 것이 방법입니다.

그런 책을 좋아하는 것은 불의한 사회에 대해 정의감으로 바로잡고자 하는 열망, 즉 사람과 사람이 만나 행복한 만남을 이루고자 하는 인간의 순수한 열망 때문이라고 말하고 나서, 교사가 그 책들을 비판한다면 학생들도 기꺼이 비판을 수용합니다.

사실 무협 판타지는 힘없는 자신에 대한 불만과 답답한 현실을 바꾸고 싶은 열망으로 읽는 책입니다. 무협 판타지의 경우, 선량한 주인공이 선량하다는 이유로 해서 큰 힘을 얻게 되고, 남보다 센 힘으로 세상의 악을 물리친다는 이야기가 보통입니다. 청소년기 남자들은 또래 사회와 전체 사회의 권력 관계가 불합리하다는 사실에 예민합니다. 그리고 아직 세상의 좌절을 본격적으로 체험해 보지 않은 터라, 그런 불합리를 자신의 힘으로 해결하고 싶다는 강한 욕구를 갖습니다. 그렇지만 현실에서 자신은 힘이 없습니다. 무력한 자신, 그러나 가슴속의 열망은 풀고 싶은 상황에서 청소년은 무력한 자신을 위로하기 위해 영웅이 나오는 이야기에 빠지게 되는 것입니다.

그러나 무협 판타지를 수십 권 읽는다고 해서 현실에서 무력한 자신이 달라지지 않습니다. 자기가 불만스럽게 여기는 잘못된 학교 문화나 사회 문제가 바람직하게 바뀌지도 않습니다. 자신의 무기력을 극복하려면 노력을 해서 실력을 쌓아야 하며, 세상의 모순을 개혁하고 싶으면 사회 문제에 대해 올바로 파고든 책을 읽어서 자신이 무슨 일을 할 수 있는지 사색하게 해야 합니다.

학생들에게 청소년 베스트셀러가 왜 그네들에게 인기가 있는지 그 이유를 설명해서 알게 한 다음, '그런 책들은 세상을 살면서 지쳤을 때 우리를 위로해 줄 수 있지만, 우리를 더 나은 사람으로 성장하게 하지는 못한다, 따라서 위로받을 만큼 적당히 봐야지 지나치면 생각이 성장하는 데 방해가 된다'고 이야기하면 학생들은 기꺼이 수용해 줍니다.
적절히 자신의 하위문화를 조절하면서 즐기게 하는 것, 즐기되 빠지지 않게 하며 자신의 고급문화를 키워 가도록 돕는 것이 좋은 교육 방법입니다.

송승훈 경기 광동고 교사

3부

학생과 학생 사이

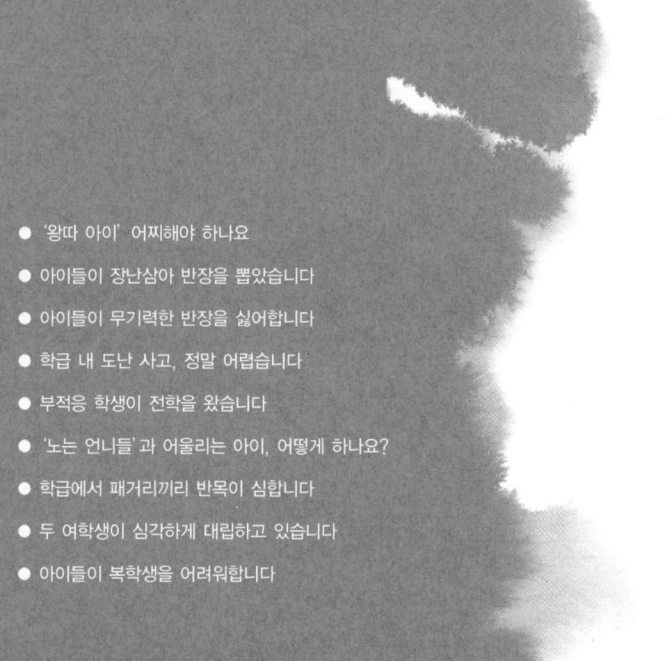

- '왕따 아이' 어찌해야 하나요
- 아이들이 장난삼아 반장을 뽑았습니다
- 아이들이 무기력한 반장을 싫어합니다
- 학급 내 도난 사고, 정말 어렵습니다
- 부적응 학생이 전학을 왔습니다
- '노는 언니들'과 어울리는 아이, 어떻게 하나요?
- 학급에서 패거리끼리 반목이 심합니다
- 두 여학생이 심각하게 대립하고 있습니다
- 아이들이 복학생을 어려워합니다

'왕따 아이' 어찌해야 하나요

소라가 반에서 왕따를 당하고 있습니다.
중학교 때 왕따를 경험했고, 그게 싫어서 고등학교에 와서는 친구들과 잘 지내려고 노력했는데 일이 틀어져 따돌림을 당하게 된 것입니다. 소라의 왕따 이유는 크게 두 가지(아이들 험담을 하고 다니며 친구 사이를 이간질한다, 자신과 상관없는 일에도 사사건건 간섭한다)입니다. 그런 소라를 소영이와 성미가 특히 싫어해서 대놓고 욕하고 비난한답니다. 소라도 왜 왕따를 당하는지 잘 알고 있습니다. 소라는 자기와 친해진 친구가 다른 아이들과 사이좋게 지내는 것이 싫어서 그렇게 행동했다고 합니다. 또다시 외톨이가 될까 두려웠다는 것이지요.

소라에게 그런 식으로 친구들에게 집착하다 보면 더욱 힘들어질 테니 조금씩 행동을 바꾸라고 여러 번 충고를 했지만 여전히 그 버릇을 고치지 못하여 물의를 빚곤 합니다. 당연히 아이들과의 관계도 개선되지 않고요.

결국 소라는 반 아이들과 지내는 것을 포기하고, 쉬는 시간이면 다른 반 아이와 어울리고 있습니다. 어찌해야 할지 모르겠습니다.

차라리 직접 대면을 시킨다면?

교사가 나선다고 해결될 문제가 아니라며 적극적으로 대응하지 않았던 게 마음에 걸립니다. 사실 소라는 중학교 시절부터 그러한 행동 패턴을 보였고, 그것이 고등학교까지 계속 이어진 것입니다. 따라서 그동안 본인의 문제가 무엇인지 스스로 깨닫지 못하며 지내 왔던 것이고, 내버려 두면 앞으로도 문제가 되풀이되리라 생각합니다.

이런 문제를 해결하려면, 관계 속에서 본인이 적극적으로 문제를 해결할 수 있는 능력을 길러야 합니다. 조금 힘들더라도 소라와 소영이, 성미가 서로 터놓고 이야기할 자리를 마련해 보는 것이 좋을 듯합니다.
제3자가 중간에서 조언을 하는 것은 상대방에게 직접 듣는 것과는 천지 차이입니다. 직접 대면하는 기회를 갖고, 자기 생각이나 행동, 표현 등이 다른 사람에게는 어떻게 받아들여지는지를 확실하게 느끼도록 해야 합니다.
하지만 이렇게 툭 터놓고 이야기하는 과정이 서로에게 상처가 될 수도 있습니다. 교사는 이럴 때 조정자 역할을 잘 해 주어야 합니다.
여러 가지 유용한 상담 프로그램이 있습니다. 예컨대, 역할을 바꿔서 서로 상대방의 입장에서 이야기해 보도록 하는 과정을 갖게 하는 것도 좋습니다. 사실 따돌리는 아이들의 마음속에도, 자신이 무리에서 제외되지 않으려는 두려움이 숨어 있을 때가 많습니다. 이런 경우, 왕따시키는 아이들은 당사자의 괴로움에 대해 잘 알지 못한다고 합니다.

예전에 우리 반에도 따돌림을 당하는 아이가 있어, 직접 아이들 앞에서 터놓고 이야기하도록 한 적이 있습니다. 그 아이는 타고난 신체 문제로 아이들이 어울리기를 꺼렸습니다. 그 아이의 바람은, 그저 아이들이 대놓고 무시하거나 멸시하지 않았으면 하는, 인간으로서 최소한의 바람이었습니다.

그 아이를 데려다 놓고, 아이들에게 그것이 사람을 얼마나 힘들게 하는 것인지를 직접 이야기하게 했습니다. 듣던 아이들은 같이 울면서 마음 아파했고, 끝 무렵에는 그 아이를 안아 주기까지 했습니다. 이후 아이는 많이 밝아진 모습을 보였습니다.

사실 입장을 바꿔서 생각한다는 것은 어른들에게도 쉽지 않은 일입니다. 그런 미숙함 때문에 생긴 오해는 교사가 적절하게 다리를 놓아 풀 기회를 만들어 줘야 합니다.

아이의 행동이나 성격이 문제가 되어 왕따를 당하는 경우에는, 가해자를 변화시키기보다 본인의 문제가 무엇인지 찾아서 그것을 해결할 자생력을 길러 주어야 합니다.

흔히들 왕따 문제가 발생하면 피해자를 안쓰럽게 여기는 마음에 가해자만 다그치는 경우가 많은데, 그보다는 객관적으로 아이들을 보려고 노력하는 것이 중요합니다. 선생님이 소라에게 아이들의 불만을 전했을 때, 소라는 자신의 행동이 친구에 대한 집착 때문인 듯 말했지만 사실 이것은 근본적인 요인이 아닐 수도 있습니다. 대상관계이론이라는 현대 정신

분석이론에 따르면, 관계를 맺는 방식은 세 살 때까지 엄마와의 관계에 의해 결정된다고 합니다. 또한 친구나 선생님 같은 중요한 대상과의 관계 경험도 많은 영향을 끼칩니다.

청소년기는 또래를 선호하며 집단의식이 강해지는 때입니다.

소라는 이런 자연스러운 관계 패턴을 형성하지 못하고 있을 뿐 아니라 형성되어 있는 조직까지 와해시키는 역할을 하는 것이지요. 교사는 이 점을 발견해서(본인은 모를 수도 있습니다.) 가르쳐 주어야 합니다.

선생님이 소라에게 우선 해 줄 수 있는 것은 아이의 이야기를 들어 주고, 건강한 관계를 경험할 수 있도록 선생님이 그 대상이 되어 주는 것입니다. 또한 '지적'이 아닌 '대화'를 통해 소라에게 어떤 문제가 있는지 스스로 깨닫도록 이끌어 주세요.

왕따 문제는 아이들끼리 서로 대면하는 것이 좋은 방법이긴 하나, 이때 미리 전제되어야 할 조건이 있습니다. 서로 적개심을 갖고 있는 아이들이 '대화'를 소화해 낼 능력이 있는지, 상대방의 말을 경청할 자세가 되어 있는지 등을 살펴서 점검하는 것입니다.

김창오 울산 동평중 교사

> ### 피해자와 가해자 모두 **치료가 필요합니다**

우선 소라의 속내를 좀 더 깊이 살펴야 할 것 같습니다.

본인은 '친구를 잃을까 봐'라고 얘기했다지만, 그게 전부는 아닐 것입니다. 만약 겉으로 표현하는 이유 말고 다른 무의식적인 이유가 있다면, 교사가 단순히 험담 때문에 '왕따'가 되니 그것을 삼가면 되겠다고 조언을 해도 아이는 행동을 바꿀 수 없습니다. 그것은 아이가 살아오면서 스스로 터득한 생존 전략(?)이기 때문이지요.

이때 교사가 섣불리 아이에게 자신의 문제를 직면시키면, 친구를 험담하면서 스스로의 존재감을 느끼던 아이는 마음을 닫아 방어하거나 자기 내부를 들킨 것 같아 자칫 공격적이 될 수도 있습니다. 직면은 상담에서도 상당히 어려운 기술입니다. 그래서 전문가에게 의뢰하기를 권합니다.

상처가 깊은 경우, 교사의 섣부른 단정은 문제를 왜곡시킬 위험도 있습니다. 교사가 판단하기 어려울 때는 부모와 상의해서 전문가에게 의뢰하는 수순을 거쳐 상처받은 마음을 뿌리부터 치료해 주는 것이 좋습니다.

우선 욕을 먹으면서도 친구 험담을 하고 다니게 하는, 내 마음을 움직이게 하는 것이 무엇인지 깨닫게 한 뒤, 험담을 하지 않아도 친구를 잃지 않을 수 있다는 자존감을 키우도록 한다면, 타인과 관계를 맺을 때 그만큼 실패가 줄어듭니다.

그리고 선생님이 어떤 행동을 하느냐도 중요합니다.

이것은 왕따를 시키는 아이들에 대한 마음 치료와도 관련됩니다. 왕따를 당하는 아이는 단지 친구의 험담을 하는 행동이 문제인 것인데, 그를 이유로 왕따를 시키는 것은 아이의 존재 자체를 부정하는 행동입니다. 때문에 교사가 그 아이의 특정한 문제 행동에 초점을 맞추도록 유도해야 합니다. "그 문제만 고치면 된다"라고.

만약 그렇지 않고 가해자의 논리에 휘말려 '그렇게 행동하니 어쩔 수 없어'라는 마음의 틈을 보이면, 아이들은 문제가 생길 때마다 상대방과 대면하여 풀기보다는 '왕따'로 자기들의 화난 감정을 해소하는 행위가 당연하다는 잘못된 생각을 굳힐 수 있습니다.

왕따시키는 아이들이 친구들의 한 면만을 보고 단정 짓지 않도록, 또 나와 다른 아이들을 인정하고, 바람직하지 않은 행동은 비판하되 인격 자체는 무시하지 않도록 지속적인 지도가 필요합니다.

왕따는 당하는 아이나 시키는 아이 모두의 마음이 올바로 자라도록 세심하게 배려해야 하는 어려운 문제입니다.

이명남 서울 영서중 교사

아이들이 장난삼아 반장을 뽑았습니다

중학교 2학년 담임입니다.
사전에 이러저러하게 주의를 주었음에도 아이들이 자기들이 만만하게 여기는(다소 모자라는 면이 있는) 한 아이에게 표를 몰아 주어 학급회장으로 뽑았습니다.
특별한 제한 규정이 없는 데다 당사자의 인격 문제도 있기 때문에 그대로 회장으로 인정해야 하는데, 이런 경우 학급 아이들을 어떻게 지도해야 하는지, 그리고 그렇게 뽑힌 회장을 어떻게 잘 키워야(?) 할지 고민이 많습니다.

학급활동 역할을 골고루 나누어 주십시오

무척 난처하시겠습니다.

이미 엎질러진 물이니 주워담을 수도 없고, 그냥 인정하고 넘어가자니 앞으로 벌어질 일들이 불 보듯 뻔하니 참 답답하시겠습니다. 그래도 어쩝니까, 우선 급한 불부터 꺼야 하지 않겠습니까?

일단, 우리 반에 이런 녀석이 반장으로 뽑혔다고, 아이들이 장난을 친 것이니, 배려해 달라고 교과 선생님께 먼저 알리고 협조를 얻는 것이 좋겠습니다.

그 다음으로 반 아이들을 적재적소에 배치하여 역할을 분담시켜야 하겠지요. 교과별로 학습 담당자를 정하여 그 녀석들이 반장의 역할을 일부 덜어 가는 것입니다.

학습 이외의 학급활동에서는 환경미화 담당, 쓰레기 분리수거 담당, 회계나 서기처럼 구체적이고 세심하게 담당자를 정하여 그 역할을 맡게 합니다.

그리고 단체활동이나 학교 행사 때에도 반장이 알아서 준비하라고 맡겨 놓을 것이 아니라, 분야를 나누고 책임자를 정하여 수행 여부를 독려하는 것이 좋겠습니다. 예를 들어 체육대회라고 했을 때, 선수 도우미를 맡을 사람, 응원 준비할 사람, 응원 도구 만들 사람 등으로 나누어 자주적인 능력을 보이도록 유도하는 것입니다.

제 경험으로는 이 방법밖에는 다른 도리가 없습니다.

그런데 이렇게 해도 부족한 점이 생깁니다. 반 아이들도 그렇지만, 대부분 선생님들이 드러내놓고 반장을 인정하지 않아서 반장 본인과 담임의 관계가 소원해지는 경우도 있고, 간혹 이런 실정을 파악하지 못한 선생님 때문에 반 전체가 욕을 먹고, 피해를 입는 일도 일어납니다. 이런 경우 담임이나 반장, 그 반장을 뽑아준 반 아이들 모두 감정이 상합니다.

하지만 선생님!
여기서 곰곰이 생각해 볼 문제가 있습니다. 솔직히 반장이 우리 담임의 종이 아니지 않습니까? 담임의 업무를 보조한다는 핑계로 마치 비서나 종처럼 부리고 있는 것은 아닌지 돌아봐야 합니다.
담임의 지시 사항을 반 아이들에게 전달하고, 전달된 사항을 수행하는 일 말고 반장이 하는 일이 무엇일까요? 아니, 반장이 해야 할 일이 무엇일까요? 혹시 우리는 담임의 편의를 위해 반장을 활용해도 된다는 생각을 하고 있었던 것은 아닐까요? 이번 사태가 선생님에게 담임과 반장의 역할에 대한 근본적인 고민의 계기가 되었으면 좋겠습니다.
제가 알고 있기에 반장 제도는, 일제 식민지 교육의 잔재이며, 군사 관료 체제의 모방이라고 합니다. 그래서 저는 반장에게 특별한 지위를 부여하지도 않고, 그만큼 책임도 추궁하지 않습니다. 항상 반 아이들 모두를 대상으로 학급운영을 했으며, 반 아이들 모두와 의논하고 동의를 얻어 스스로 알아서 하도록 유도하곤 했습니다. 반장은 그런 와중에 한 중심을 이루는 존재일 따름입니다.
학급이 소란하다고 하여 "야, 반장! 왜 이리 시끄럽나? 조용하게 시키지 못하냐?"고 하고, 교실이 지저분하다고 하여 "야, 반장! 교실이 왜 이리 지저분하냐? 청소 좀 시켜라!"고 하고, "야, 반장! 내일까지 수행평가물 받아 오너라!"라고 우리 교사들은 별 생각 없이 반장에게 시키곤 했습니다.

그런데 곰곰이 생각해 보면, 그건 결국 교사 본인이 해야 할 일입니다. 시끄러우면 교사가 조용히 시켰어야 했고, 더러우면 교사가 청소를 시켰어야 옳았으며, 수행평가도 교사가 수합해야 했던 것입니다.

이런 관점에서 반장을 본다면, 녀석이 덜 떨어지고 모자라더라도 크게 걱정할 일이 아니며, 도리어 반장으로서 잘해 보려고 애쓰는 모습을 발견한다면,(이때는 크게 격려하고 칭찬하십시오.) 그건 선생님 혼자만 누릴 수 있는 교사로서의 보람과 행복일 것입니다.

힘드시겠지만 좋은 약은 입에 쓰다고 이런 경험이 분명 선생님 자신을 좀 더 성숙시켜 주리라 믿습니다. 어찌 되었든 반 아이들에게도 자성의 계기가 될 것은 분명합니다.

송춘길 경북 구미 선산고 교사

선출 과정에 충실해야
신뢰와 책임감을 배웁니다

우스갯소리 삼아 '잘 뽑은 반장 한 명 열 부담임 안 부럽다'고들 합니다. 학급을 운용하는 데 그만큼 반장의 역할이 중요하다는 이야기겠지요. 그렇게 중요한 반장을 아이들이 장난삼아 뽑고 나면 그 멍에는 고스란히 담임이 떠안을 수밖에 없습니다.

사후약방문에 다름 아니겠으나, 우리 반 반장 뽑는 절차를 소개하는 것으로 답을 대신하고자 합니다.

저는 학기 시작과 함께 학급운영 연간 계획에 따라 '선거관리위원회(선관위)'를 구성합니다. 선관위가 구성되면 사전에 충분한 미팅을 가진 뒤, 선거와 관련된 일에는 가능한 담임은 뒤로 빠지고 선관위가 전면에 나서도록 유도합니다.

반장의 역할을 강조할 겸 설문지 형태의 '반장 적합도 조사'도 빼먹지 않습니다. '책임감이 있고 리더십이 있는 친구' '친구들을 잘 배려하며 친절한 친구' 따위의 문항을 만들고 답해 가는 과정을 통해 반장의 역할을 은연중 심어 주는 것입니다. 학급신문이나 게시판을 이용하여 선거와 관련한 좋은 이야기들을 지속적으로 들려주기도 하고요.

그러나 무엇보다 중요한 것은 선거의 민주적 과정을 통해 아이들 스스로 책임감을 느끼게 하는 것입니다.

선거와 관련한 자세한 일정은, 선관위 명의로 1) 학급임원 선거 공고 → 2) 입후보자 등록 → 3) 선거벽보 접수(장난으로 학급임원이 되겠다고 했거나 아이들의 추천을 받은 친구들은 대부분 벽보를 작성해 오지 않습니다. 담임이 걱정하는 아이가 벽보를 작성해 왔다면 그야말로 아이에 대한 담임의 걱정은 기우일 뿐입니다.) → 4) 후보 순서 정하기 → 5) 후보자 사진 출력해서 선거벽보 옆에 붙이기 → 6) 각종 선거 벽보 및 자료 학급 홈페이지에 탑재하기 순서로 진행합니다.

선거 당일에는 1) 정견 발표 → 2) 투표 요령 설명(전자투표 요령과 더불어 선거의 4대 원칙인 비밀, 직접, 보통, 평등 선거에 대한 설명도 간단히 해줍니다.) → 3) 복도에서 대기하다가 한 명씩 들어와 선거인명부(명렬표) 확인하고 서명 → 4) 투표, 개표(투표는 전자투표로 합니다. 전자투표 프로그램은 교사커뮤니티 등에서 무료로 제공하고 있습니다.) → 6) 당선자 발표 → 7) 당선 소감 순으로 진행합니다.

물론 그러잖아도 바쁜 학기 초에 이러한 일정을 거치려면 번잡하고 부담스럽기는 합니다. 그러나 이런 과정을 거치면서 아이들은 서툰 대로 신뢰와 책임감을 배우게 됩니다. 무언가를 얻으려면 그만한 대가를 치러야 하지 않을까요?

이범희 경기 용인 기흥고 교사

아이들이 무기력한 반장을 싫어합니다

중학교(남녀공학) 교사입니다. 아이들과 반장 사이에 갈등이 커서 걱정입니다. 처음에 의욕적으로 출마하여 당선된 반장(여학생)이 몸이 안 좋아서 결석과 조퇴가 잦았거든요. 그러다 보니 자연히 친구들의 불만이 쏟아졌습니다. 교과 선생님의 전달 사항을 제대로 전해 받지 못하거나 수행평가물을 제때 제출하지 못해서 우리 반만 자꾸 지적을 당했거든요. 학급 아이들은 반장을 싫어하고, 반장으로 인정하려 들지도 않습니다. 반장은 반장대로 피해의식과 열등감, 소외감에 시달리는 것 같고요. 특히 학급 내 여학생들과 갈등이 심했습니다.

결석과 조퇴가 너무 많아, 결국 6월 초에 반장이 하던 역할을 모두 부반장에게 맡겼습니다. 갈등 관계에 있던 여학생들에게는 반장을 이해해 주자고 다독이는 선에서 마무리를 했지만, 반장은 교사들의 관심을 끌려고 이런저런 거짓말을 하기도 합니다. 아이들의 관계를 어떻게 회복시킬 수 있을지, 반장에게는 어떤 도움과 조언을 줄 수 있을지 고민입니다.

모든 것이 반장만의 몫은 아닙니다

저는 학년 초에 썩 내키지 않는(?) 아이가 어찌어찌 반장으로 선출되면 제 마음부터 다스립니다. '그래, 네 인생에 기회가 왔다. 이 기회를 통해서 네가 삶의 수준을 한 단계 높일 수 있도록 도와주마!'
그런 뒤 작전에 들어갑니다.
교실 안에서 반장의 역할과 권위에 대해 강조하고, 개별 면담을 통해서 '반장 교육'과 '기 살리기 프로그램'을 동시에 진행합니다.
반장과 관련된 것이면 작은 일에도 칭찬을 아끼지 않습니다.
"이 일은 정말 반장의 공이 컸다. 그리고 반장을 믿고 따라 준 여러분의 덕이다. 오늘은 기분이 좋다. 그래서 쏜다! 아이스크림 한 개씩!"

어쨌거나 반장의 기를 살려 주면서, 학급이 무리 없이 돌아가게 하는 것이 가장 효과적인 방법이겠으나, 문의하신 선생님의 경우처럼 이미 반장의 역할을 부반장이 하고 있는 상황이고, 반의 구조와 분위기를 단번에 쇄신하기 힘들다는 판단이 든다면 담임이 그 마음을 아이들에게 솔직하게 내보이는 것도 좋습니다.
반장의 역할을 중지시킬 때의 심정을 아이들에게 솔직하게 이야기하고, 다시 그 이야기를 꺼내는 선생님의 의도를 충분히 설명해 보세요. 담임 교사의 관심을 확인하는 것만으로 반장도 큰 위안을 얻을 것입니다.

적당한 날을 잡아서 '진실 게임'을 해 보는 방법도 좋습니다.

커튼을 치고 촛불 켜고 각자 불만을 털어놓다 보면 의외로 솔직한 이야기가 나옵니다. 반장만의 문제로 이야기하면 왠지 청문회처럼 될 수 있으니 '서로의 고민을 나누는 자리'라며 반장의 고민을 이야기하게 하는 것이 좋습니다.

아이들은 분위기가 잡히면 의외로 쉽게 고민을 같이 나누고자 합니다. 특히 여학생들에게는 이 방법이 잘 통합니다.

먼저 눈물을 글썽이면서 이 일로 선생님의 마음이 얼마나 아팠는지를 이야기해 보십시오. 반장도 반장 이전에 학급 구성원의 한 사람으로 얼마나 기대와 슬픔, 남모를 고통이 많았겠습니까? 그리고 아이들 이야기를 들어 보세요. 눈물 없이는 들을 수 없는 감동의 드라마가 연출되기도 합니다.

반장도 학생의 한 사람이고, 완성된 인격을 갖춘 성인이 아니기 때문에 결점을 가질 수밖에 없습니다. 반 아이들 사이에서 이런 공감대만 형성되면 서로 결점을 이겨 나가도록 힘을 북돋워 주는 분위기로 바꿀 수 있습니다. 그렇다면 어떻게 그 분위기를 형성할 것인가. 그것이 바로 담임의 역할이겠지요.

박춘애 광주 금당중 교사

> **단호하게
> 교체하거나
> 단합을 시도하세요**

남을 대표하는 자리에 있는 사람은 카리스마, 즉 권위가 있어야 합니다. 그건 비록 서른다섯 명, 어린 학생들의 대표라 할지라도 마찬가지입니다. 그것이 부족한 반장이라면 담임이 보조해 주어야겠지요.

제가 반 아이들 모두에게 책임을 물어야 할 경우에는 아이들이 보는 앞에서 반장을 꾸짖는 방법으로 반장의 책임을 강조하고, 권위를 세워 줍니다. 또한 반을 대표하는 반장은 권위에 따르는 만큼의 책임감이 있어야 합니다. 아이들이 반장의 권위를 인정하지 않고, 반장은 자신의 책임을 다하지 않는다면 당연히 갈등이 생길 수밖에 없습니다. 시간을 더 끌 것이 아니라 그 학생과 진지하게 상담한 뒤, 진퇴를 결정해야 합니다.

우선 생각할 수 있는 방법은 반장직에서 깨끗하게 물러나게 하는 것입니다. 물론 학생회칙에 임기가 1년으로 명시된 경우도 있기 때문에 학생부장이나 교감과 반장 교체가 가능한지 미리 상의하셔야겠지요.

이름뿐인 반장직에 계속 머물러 있게 하는 것은 그 학생에게도 스트레스를 주는 매우 잔인한 일입니다. 학생과 상의하고, 반 아이들에게 '현재 반장이 몸이 아파 계속 반장직을 수행할 수 없게 되었으니 절차를 거쳐 새 반장을 뽑자'고 공지하는 것이 좋을 것 같습니다.

하지만 반장을 바꾸지 않겠다고 결정하셨다면 반장이 제 역할을 다시 할 수 있게 확실하게 자리를 만들어 주어야 합니다. 계속 부반장이 반장의 역할을 대행하는 것은 모양새가 좋지 못합니다.
갈등 초기 단계였다면 쉽게(?) 수습이 가능했겠지만 지금은 반장과 아이들 사이가 꽤 멀어진 상태이기 때문에 일시적인 처방으로는 효과를 볼 수 없을 듯합니다.

우선 '반장 살리기 프로젝트(일명 으라차차 우리 반장)' 같은 계획을 세워 한 가지씩 실천해 보시길 권합니다.
이런 상황에서 반장이 할 수 있는 일은 별로 없기 때문에 반 아이들을 통해 일을 수습하셔야 합니다. 학급 내 오피니언 리더를 찾아 서서히 포섭해 나가는 방법이 있습니다. 특히 평소에 말썽을 부리던 학생이 오피니언 리더 중 하나라면 그 아이의 도움을 받으세요. 일석이조의 효과를 거둘 수 있습니다. 이런 학생들의 경우, 선생님이 자신을 믿고 일을 맡긴 적이 별로 없기 때문에 더 열심히 도와줄뿐더러, 일이 잘 풀리면 그 학생과 더욱 가까워지는 계기가 됩니다. 한 명씩 불러 선생님의 어려움을 이야기하면서 도움을 요청해 보세요.
그리고 어느 정도 학생들의 호응이 있고 분위기가 조성이 되었다고 판단되면 단합대회를 열어서 확실하게 뭉칠 수 있는 계기를 마련해 주세요.

일요일에 학교에 모여서 떡볶이를 만들어 먹거나(떡볶이 파티가 생각보다 효과가 좋습니다.) 아이들이 좋아하는 메뉴를 생각해서 준비해 보세요. 이때 반장은 다른 아이들보다 먼저 나와서 선생님과 함께 친구들을 맞을 준비를 하며, 반장도 많이 노력하고 있다는 인상을 다른 아이들에게 심어 주어야 합니다. 오피니언 리더는 아이들을 '포섭' 해 마음의 문을 열고 반장의 노력을 받아들일 수 있게 돕는 역할이지요.

하지만 반장이 이런 행사도 못할 만큼 의기소침해 있다면, 반장을 늦게 오게 하고 '반장 힘내'와 같은 플래카드를 준비해 감동을 주는 것도 좋겠지요. 사람에게 감동을 주거나 마음을 움직이고 싶을 때는 멋진 이벤트가 좋습니다.

잘 준비하셔서 마치 영화 속 한 장면처럼 아이들의 가슴에 진한 감동을 선사하는 멋진 선생님이 되길 바랍니다.

최원석 경북 구미 상모고 교사

학급 내 **도난 사고,** 정말 어렵습니다

남자중학교 2학년 담임입니다. 교실에서 도난 사건이 자주 발생합니다. 그냥 넘어가자니 재발이 염려스럽고, 교사로서 무책임하다는 생각도 듭니다. 범인을 찾아내려면 아이들 모두를 잠정 도둑으로 몰아야 합니다. 찾기라도 하면 그나마 다행이겠으나, 잡지도 못하고 분위기만 휘저어 놓을까 봐 이도 저도 못하고 한 학기를 보냈습니다.
심증이 가는 학생이 있어서 은근히 떠봤더니 노발대발하더군요. 잘못했다가는 되레 제가 '죄 없는 학생에게 도둑 누명을 씌운 한심한 교사'로 몰릴 분위기입니다.
이런 경우는 어떻게 대처하는 것이 좋을까요?

훔친 아이 드러나지 않게 배려해야

몇 가지 경험에 비추어 말씀드립니다.

부모와의 불화를 도벽으로 해결하여 심리적 보상을 받으려는 경우, 친구와의 돈 문제를 해결하기 위해 저지르는 경우, 소유욕은 있으나 그를 채울 수 있는 재원이 부족한 경우, 생리적 특성으로 자신도 모르게 저지르는 경우 등 도벽이 있는 아이의 심리적 상황은 매우 복잡다단합니다.

학기 초 도난 사고에 대한 대비는 뒤에 이어지는 '별' 샘이 말씀대로 엄정한 규칙을 세우는 것이 좋습니다. 혹 평소 도벽이 있다고 귀띔받은 아이가 있다면 면밀하게 관찰하는 일도 필요합니다. 그러나 어떤 경우든 학생을 치료하여 학급의 일원으로 회복시킨다는 전제가 있어야 합니다. 때문에 이러한 관찰은 모든 학생을 대상으로 이루어지는 학급활동이나 상담 속에서 자연스럽게 이루어져야 합니다.

다음은 도난 사건이 발생했을 경우입니다.

심증은 있지만 물증이 없으면 일을 해결하기가 참 어렵습니다. 자칫 전체 학생 사이에서 한 아이를 고립시켜 또 다른 문제를 일으킬 수 있습니다.

이럴 때는 전체 학생을 대상으로 거짓말 탐지 작업(이런 데 사용할 수 있는 기기는 회로시험기, 손쉽게 만들 수 있는 거짓말탐지기 등이 있습니다.)을 하는 방법이 있습니다. 이때 평소 경어를 사용하셨다면 평어를, 그 반대라면 경어를 사용합니다.

교사 너희들에게 그렇게 이야기를 했는데도 고백을 하지 않으니, 나로서도 어쩔 수 없구나. 미안하지만 몇 가지 도구를 이용하여 진실을 밝히고자 하는데 너희들 생각은 어떠니?

학생들 대부분이 좋다고 할 것입니다. 그러면서 모두를 눈여겨보십시오. 의심되는 아이는 태도가 약간 다를 겁니다.

교사 좋다. 내가 이 도구를 가지고 순회하면 너희들은 양손만 대면 된다. 모두 눈을 감고 있다가 내가 손을 내밀라고 하면 그때 손을 내민다. 가져간 사람은 바늘이 많이 움직일 것이다.

회로시험기의 경우 저항에 놓고 측정하면 바늘이 움직입니다. 물건을 훔친 아이의 경우 긴장해서 땀이 많이 날 것이므로 전류가 잘 통합니다. 즉, 상대적으로 바늘이 많이 움직입니다. 그러나 개인차가 있으므로 그 값을 절대시하면 안 됩니다. 다른 도구도 마찬가지입니다. 도구는 아이들이 잘 모르는 도구가 좋습니다.
아이들 사이를 돌며 검사할 때, 의심되는 학생에게도 다른 학생과 똑같은 투로 말씀하십시오.

교사 자, 이젠 네 차례다.

학생은 흠칫 놀라거나 혹은 태연한 척하면서도 손을 잘 내밀려고 하지 않을 것입니다. 이런 식으로 검사를 마친 뒤에 다시 한 번 공지를 합니다.

교사 모두 협조해 줘서 고맙다. 탐지 결과를 발표하기 전에 스스로 내일 아침까지 내 책상에 메모를 남기거나 메일을 보내기 바란다. 전화나 문자로 알려줘도 고맙겠구나. 순간적으로 누구나 그럴 수 있지만, 중요한 것은 반성과 뉘우침이다.

이렇게 마무리를 하시고, 저녁 시간에 메일이 오면 바로 상담에 임하십시오. 아니면, 다음날 조용히 그 학생을 포함하여 몇몇을 한 사람씩 부르십시오.
다른 학생들과는 일반 상담을, 그 학생과는 좀 더 진지한 상담을 하면 고백을 들으실 수 있을 겁니다. 그 다음에는 그 아이를 토닥여 주세요.
물건을 돌려받으면, 누군가가 선생님 책상에 가져다 두었다고 하시고 원래 주인에게 돌려주시면 됩니다. 다른 아이들이 눈치 채지 않도록 하시고, 그 학생을 선생님의 도우미로 삼아 보십시오. 그 녀석의 인생이 바뀔 겁니다.
그 이후의 상담은 치료하는 과정으로 이어가면 됩니다. 어떤 경우든 선생님의 사랑으로 한 아이를 껴안고 바르게 성장하도록 돕는 일임을 잊지 마시기 바랍니다.

교실밖교사커뮤니티(eduict.org) **황소 선생님**

> 스스로
> **반납할 수 있게**
> 유도해야

도난 사고는 예방이 최선입니다.

학기 초에 필요한 규칙을 세우는 것이 중요합니다. 교실을 비울 때는 반드시 주번이 문을 채운다, 문제가 생길 때는 책임질 것도 각오해야 하며, 점심때는 교대로 남아서 교실을 지키는 수고로움 정도는 서로를 위해서 감내한다는 등의 원칙을 학급회의를 통해 결정합니다. 1인 1역 중에 '학급 지킴이' 지원자를 받아서 봉사점수를 주는 것도 좋습니다.

그리고 때때로 남의 물건에 손대는 것의 부도덕함이나 과거 학급 내 도난 사고를 해결한 '무용담'을 들려주어 은근슬쩍 '경고 메시지'를 전할 수도 있습니다.

도난 사건이 생겼을 때의 대처 방법입니다.

일단 사안이 발생하면 당일 대처해야 합니다.(몇 년 전 10만원 상당의 현금 도난 사건을 겪었습니다. 그때 경험을 바탕으로 말씀드립니다.)

종례 시간, 모두 눈을 감게 합니다. 아이들에게 이렇게 할 수밖에 없음을 이해시키며 협조를 구합니다. 많이 하는 방법이지만 메모지를 준비하고 도난에 관한 모든 정보를 아주 작은 것이라도 적어 내게 합니다. 당시의 상황이나 짐작 가는 것, 본 것, 들은 것을 적게 합니다. 혹시 물건에 손댄 아이가 있다면, 선생님에게 살짝 가져다주겠다거나 문자나 메일로 돌려주겠다는 의사를 표시해서 내라고 합니다.

이때 분위기를 다잡는 것이 중요하며, '뉘우치면 아무 일 없을 것'이라는 분명한 메시지를 전달해야 합니다. 1차 조사를 하면 의심 가는 아이가 몇몇 거론됩니다.

"몇몇 이름이 나왔다. 솔직히 말하면 아무도 모르게 없던 일로 처리할 테니 스스로 고백해다오."

다시 메모지를 돌려 스스로 적도록 합니다. 양심에도 호소합니다. 일이 아주 쉽게 해결되는 경우에는 '다시 한 번 기회를 달라'는 메시지가 옵니다. 이쯤되면 사건을 일으킨 당사자는 '돌려주는 방식'을 고민하게 됩니다.

이때는 우선 소지품과 가방을 모두 들고, 모든 학생을 공개적인 장소(교실 밖 복도)로 내보내고 빈 신발주머니를 여러 개 준비해서 교실 곳곳에 놓아둡니다. 반드시 여러 개 놓아두어야 효과가 있습니다.

그리고 한 사람씩 아무도 없는 교실로 들어가게 한 뒤 나오게 합니다. 훔친 물건을 신발주머니에 넣고 나올 수 있도록 기회를 주는 겁니다. 이 정도면 웬만한 경우 신발주머니에서 돈이 나옵니다. 사안이 종료되면 약속대로 누가 범인인지 여부는 확실하게 묻어둡니다.

이런 지난한 과정을 겪고 나면 적어도 같은 반 아이들 사이에선 도난 사건이 생기지 않습니다.

교실밖교사커뮤니티(eduict.org) 별 샘

부적응 학생이
전학을 왔습니다

방학 중에 한 아이(중2)가 전학을 왔습니다.
개학하는 날 학부모와 면담을 하면서 아이의 전학 사유가 이전 학교에서 왕따였기 때문이라는 사실을 알게 되었습니다. 그러고 보니 아이는 얼굴에 생기가 없고(태도도 매우 수동적이었습니다.) 불안해하는 기색이 역력했습니다.
학부모는 '공부를 못해도 좋으니, 아이들과 잘 어울릴 수 있도록 도와 달라'며 몇 번씩 머리를 조아리고 돌아갔습니다. 난감한 문제는 그 다음에 생겼습니다. 며칠 지나지 않아 '전학생이 왕따였다'는 소문이 학급 안에 떠돌기 시작한 것입니다. 그 아이의 행동거지나 표정으로 짐작한 것 같습니다. 일반적인 이유로 전학 온 아이도 적응 지도가 만만치 않은 법인데, 이런 경우는 어떻게 대처해야 하나요? 석연치 않은 눈빛을 보내는 아이들과 불안해하는 전학생 사이에서 참 어렵습니다.

아이들과 친해져야 도울 수 있습니다

전학 온 학생의 문제를 한번에 헤쳐나갈 수는 없습니다. 문제 상황에 따라 다르고 아이들에 따라 다르고, 또한 어떻게 관계 맺어 왔는가에 따라 다르기 때문입니다. 전학 온 시점이 다르긴 하지만 저도 비슷한 일을 겪었습니다.

민선이(지난해 전학을 왔는데, 전 담임의 말로는 고생이 많았다고 합니다.)는 약간 잘난 척하는 아이였습니다. 민선이가 표현하는 방식에 문제가 있어서 다른 아이들이 색안경을 끼고 보기 시작했고, 곧 지난해에 왕따였다는 사실이 교실에 퍼지게 되었습니다.

민선이는 자신이 따돌림당하고 있다는 것을 잘 알고 있었고, 저와도 수차례 상담을 했습니다. 자리 배치를 통해서 의도적으로 친구를 붙여 주기도 했으나 상황은 전혀 나아지지 않았습니다. 수업 시간에 민선이가 뭔가 발표라도 할라치면 비아냥거리는 반 아이들의 기색이 한눈에 읽혔습니다.

안되겠다 싶어 민선이 문제를 공개적으로 토론하기로 했습니다. 아이들이 생각하는 민선이의 문제가 무엇인지, 친구들이 그 문제를 해결하기 위해서 말과 행동을 어떻게 해야 하는지를 공개적으로 이야기했습니다.

사실, 한 아이의 문제를 학급회의 같은 공개석상에 올린다는 것은 무척 조심스러운 일입니다. 그러나 아이들은 뜻밖에도 적극적으로 자기 생각을 쏟아냈습니다. 누구는 변호하기도 하고 누구는 반박하기도 하면서 한 시간 넘게 토론을 진행했습니다. 민선이도 울면서 자기 입장을 털어놓았습니다.

많은 이야기가 오갔지만, 뚜렷한 결론을 내지는 못했습니다. 생각의 변화를 보인 아이도 있었지만, 끝까지 고집을 꺾지 않는 아이도 있었습니다. 하지만 그 후 민선이는 공개적으로 따돌림을 당하지 않았고, 또래집단에서 당당한 모습을 보였습니다.

이 사례는 비교적 성공한 경우이지만, 실패한 사례가 훨씬 많습니다. 아이들에게 관심이 많은 교사라고 해도 그들 속으로 깊숙이 들어가기란 쉽지 않습니다. 아이들 입장에서 보면 담임은 한 치 건너에 있는 '어른'이기 때문입니다. 그래서 교사가 아이들의 생활 영역에서 꾸준히 활동하지 않으면 그들과 멀어지는 것은 한순간입니다. 때문에 경력이 쌓일수록 아이들과 친해지려면 곱절의 노력이 필요합니다.

어떤 형식이 되었든 아이들과 대화하는 시간부터 충분히 확보해야 하고, 학급 행사도 자주 가져야 하고, 학교 앞에서 떡볶이도 같이 먹고, 아이들이 보는 만화책도 같이 보며 낄낄거릴 수 있어야 합니다. 그러다 보면 신뢰가 쌓이고, 그 신뢰가 바탕이 되어야 이른바 '지도'가 가능해집니다. 아이들과 가까운 교사만이 아이들 사이에서 벌어지는 문제를 도울 수 있습니다. 느리지만 가장 확실한 방법이지요.

조장희 서울 신일중 교사

전학생의 특성을 좀 더 깊이 살피세요

새로운 환경에 적응하기도 전에 '왕따였다'라는 소문이 학급 안에 퍼지면, 전학 온 아이는 가뜩이나 익숙하지 않은 환경에서 심한 고립감을 느끼고, 새로운 환경에 적응하려고 노력하는 대신 회피하려 들기 쉽습니다.

담임교사가 먼저 해야 할 일은 개별 상담을 통해 전학 온 아이의 특성을 파악하는 것입니다.
엉뚱한 행동이나 외모 때문에 어려움을 겪는 건 아닌지, 몸이 약하거나 소극적인 성격으로 친구 관계에서 빚어진 문제에 적절히 대응하지 못하는 건 아닌지, 여러 측면에서 두루 파악해야 합니다.
그 다음엔 가정 방문을 통해 아이가 어떻게 자라왔는지 학부모와 상담해 보는 게 필요합니다. 가정방문이 어렵다면, 학부모를 학교에 모셔서라도 상담해야 합니다.
아이가 어린 시절 부모에게서 따뜻한 보살핌을 받지 못했는지, 애착 대상과 때 이른 이별을 하여 심리적 상처를 겪은 건 아닌지, 부모의 과잉보호나 잔소리 속에서 자란 건 아닌지 알아봐야 합니다. 성장기에 건강하고 안정된 관계를 경험하지 못하면 친구를 사귀는 데 장애를 겪을 수 있기 때문입니다. 이럴 때 적절한 상담이나 치료를 받지 못하면, 자신감을 잃고 결국 자기 세계로 함몰되거나 부적절한 대인 행동을 자주 되풀이하게 됩니다.
교사들은 종종 전학생이 왕따였다는 사실을 알았을 때, 대처 방법을 몰라 당황하는 경우가 있습니다. 그러다 보니 왕따라고 떠들고 다니는 아이를 질책하거나 처벌하는 방식으로 문제를 마무리 짓곤 합니다. 그러나 이런 방법은 오히려 문제를 악화시킬 뿐 근본적인 해결책이 아닙니다.
면담과 가정방문을 통해 일정한 정보를 모았다면, 그 다음 일은 아이가 학급에 잘 적응하도록 돕는 것입니다.
이때 도우미 학생을 활용하는 것도 한 방법입니다. 믿을만한 학생을 도우미로 정하고, 그에게 전학생의 내력을 소개한 뒤, 드러나지 않게 아이를 지원할 수 있도록 합니다.
이후 전학생이 순탄하게 적응하는 것처럼 보여도 안심해서는 안 됩니다. 순간 방심하면 다시 왕따 문제로 번질 수 있으므로 꾸준하고 세심한 관찰이 필요합니다. 만약 담임교사가 잠시라도 전학 온 아이를 무관심하게 대하면 다른 아이들은 그 아이를 다시 왕따로 만들 수 있고, 반대로 그 아이에게 지나치게 관심을 보여도 문제를 악화시킬 수 있음을 유의해야 합니다.

여러 가지로 배려했음에도 전학생에 대한 따돌림이 발생할 수 있습니다. 이때는 담임교사가 신속하고 즉각적으로 대응해야 합니다.
왕따 아이의 피해 내용을 확인한 뒤, 가해자를 상담합니다. 친구를 괴롭히는 일은 대개 비밀리에 성행하다가 발견이 되면 수면 아래로 사라지는 특성이 있기 때문에, 괴롭히는 행위 자체는 공개적으로 대처해야 합니다.
하지만 이때 처벌 위주의 대처는 얻는 것보다 잃는 것이 많습니다. 특히 행위 결과만 가지고 처벌했을 때 진심으로 뉘우치는 아이는 많지 않습니다. 문제를 자세히 설명하고 잘못을 인정하도록 이끌어야 합니다.

이후 왕따당하는 아이를 도울 수 있는 반 아이를 찾아서 같은 모둠에 편성하거나, 상호작용이 가능한 역할극, 공동체놀이 같은 학급활동을 통해 하루 빨리 학급을 활기차고 온정 있게 만들어야 합니다. 물론 평소에 우정 어린 친구 관계, 더불어 사는 학급생활, 올바른 가치관 교육 같은 담임교사의 구체적인 훈화가 요구됩니다.

전학생을 포함한 왕따 문제가 수습되었다 하더라도, 모든 게 잘 되었다고 손 놓지 말고 문제가 확실히 해결되었다는 증거를 찾아야 합니다. 왕따 문제는 아주 은밀한 곳에서 지속되거나 다른 양태로 존재할 여지가 많습니다. 때문에 왕따 문제와 관련된 모든 상황을 기록하고 장기간에 걸쳐 아이들을 관찰해야 합니다.

관찰과 상담에서는 무엇보다 '지속성'이 중요합니다.

조한일 충남 논산대건중 교사

'노는 언니들'과 어울리는 아이, 어떻게 하나요?

중2 담임입니다.
중간고사를 치른 뒤, 아이들의 변화가 눈에 띄게 달라지고 있습니다. 그 가운데 유리와 소라는 이른바 '노는 언니들'과 어울립니다. 공부에 관심 없긴 하지만, 쾌활하고 씩씩해서 친구들과 두루 잘 지내던 아이들인데, 어느 날부터인가 노는 선배들과 한두 차례 만나는 모습이 눈에 띄더니, 요즘은 수시로 매점 앞에서 어울리고, 하교도 같이 하곤 합니다. 가끔은 그 선배들이 유리와 소라를 만나러 교실로 몰려오기도 합니다. 그 선배들은 가출과 금품갈취 건으로 처벌과 지도를 받은 적이 있습니다.
주의를 주면 "언니들이 너무 친절하고 착하다"면서 말을 듣지 않습니다. 빤히 결과가 들여다보이는데 참 난감합니다. 현재 유리와 소라는 표정이나 복장에서 확연히 달라지고 있습니다. 어떻게 지도해야 할까요?

신뢰를 쌓아야 마음이 움직입니다

평소에 선생님이 유리, 소라와 어느 정도 친한지 알 수 없으나, 이런 경우 신뢰를 쌓는 것이 최우선이라고 생각합니다.

저는 아이들을 이해하고 친밀도를 쌓기 위한 방편으로 주로 가정방문을 활용합니다.

지난해 우리 반에 이른바 '문제 학생'이 한 명 있었습니다. 날마다 지각에, 싸움에, 신통치 않은 성적에, 동료들은 그 아이가 별 사고 없이 졸업하면 다행이라고 입을 모았습니다. 하지만 저는 욕심을 좀 부렸습니다. '고등학교 가서라도 열심히 생활하면 좋겠다. 작은 일에도 성심을 다하는 모습을 보고 싶다'는 뜻을 전하기 위해 갖은 방법을 다 써 보았습니다. 그러나 별다른 효과가 없었습니다.

그러다가 우연히 가정방문을 가게 되었습니다. 그 학생의 집에 들어선 순간, 모든 상황이 이해되었습니다. 그 학생도 학교와는 전혀 다른 모습으로 저를 대했습니다. 마음이 뭉클했습니다.

다음날부터 그 학생은 아주 조금씩이지만 변하기 시작했습니다. 지각하지 않고, 반항도 거의 하지 않았습니다. 저 또한 생각이 바뀌어 윽박지르지 않았고, 매를 들지도 않았습니다.

이 경험은 제게 아주 중요한 교육철학을 심어 주었습니다.

'한 아이를 볼 때는 아이만 볼 것이 아니라, 그를 감싸고 있는 모든 것들

을 봐야 한다.'

유리와 소라도 마찬가지라는 생각이 듭니다. 노는 언니들과 어울리는 데는 분명히 이유가 있을 것입니다. 그런 아이들의 입장을 이해하려는 선생님의 노력과 정성이 아이들의 마음을 움직일 수 있습니다.

학생을 앞에 앉혀 두고 말로 타이르는 것은 아주 쉽습니다. 하지만 대화를 나누면서 그들의 마음을 움직이는 것은 생각보다 쉽지 않습니다. 학생의 집을 찾아가고 학생과 부대끼며 대화하기는 더욱 어렵습니다. 하지만 어려운 만큼 얻는 것 또한 많다고 확신합니다. 일회적인 접근으로는 결코 아이들의 마음을 얻을 수 없습니다.

선생님의 행동 하나 말씀 한 마디가 유리와 소라에게 너무나 소중한 경험이 될 수 있습니다. 단순히 선배들을 만나지 못하게 저지할 것이 아니라, 이번 일을 통해 선생님과 유리와 소라 사이에 많은 신뢰가 쌓일 수 있기를 기대합니다. 선생님은 아이들의 인생을 바꿀 수도 있는 소중한 분이라는 것 또한 잊지 않으시길 바라고요. 힘내십시오.

김용만 경남 마산 합포고 교사

동시다발로 삼동작전을 펴세요

'삼동작전'을 펴야 한다고 봅니다. 우선 아이들과 흔히 말하듯 '계급장 떼고' 만나셔야 합니다.

장소도 아이들이 정하게 하고, 만나면 선생님이 이야기를 주도하기보다 아이들이 충분히 말할 수 있게 해야 합니다. 그밖에도 수시로 인터넷 채팅 등을 하면서 시시콜콜 이야기를 들어 주시는 게 좋습니다. 한두 번 시도로는 전혀 움직이지 않을 수도 있습니다. 그래도 좌절하지 마세요. 아이는 '예전 담탱이도 그랬어, 다 똑같지 뭐!' 하고 마음의 벽을 치고 있을지도 모릅니다. 결국은 아이의 마음이 조금씩 열릴 것이고, 왜 선배들과 어울리는지 스스로 털어놓게 될 것입니다. 이게 시작이지요.

부모님도 만나시는 것이 좋습니다.
아이들의 성장 환경도 성장 환경이지만, 아이들의 '외도'가 혹시 부모 문제에서 빚어진 것은 아닌가를 파악할 수 있습니다. 부모 문제가 큰 경우, 정말 허심탄회하게 아이를 사랑하는 것이 무엇인지 이야기를 나눠 협조를 구해야 합니다. 가정에서 포용하지 못하는 한, 아이는 쉽게 변하지 않습니다.

동료 교사들에게도 도움을 구하세요. 교사들이 그 아이를 '문제아'로 낙인찍지 않도록 말입니다. 담임을 믿고 지켜보거나, 작은 칭찬이라도 해 주십사 부탁을 드리는 겁니다. 아이들은 자신이 인정받고 있다는 생각이 들 때 움직입니다.

다음으로 반 아이들에게 진심으로 부탁하십시오. 힘들더라도 함께 어울려 주고 남들과 똑같이 대해 주라고 말입니다. 이 과정에서 편애라는 오해를 받을 수도 있습니다. 그러나 아이들은 한 아이를 안고 가는 선생님을 이해하게 될 것입니다.

가장 어려운 문제지만 문제의 그 선배 언니들을 만나시는 것도 좋겠습니다. 처음에는 만남 자체를 거절하거나 비아냥거릴 수도 있습니다. 녀석들도 예전 선생님들에게서 듣던 충고 때문에 내성이 길러져 있을 테니까요. 그러나 계획을 세워서 좀 더 적극적으로 녀석들을 만나 보시면 의외의 결과를 얻을 수도 있습니다. 단, 어느 경우도 '내가 선생이고 너희는 어리니 내 말을 들어야 해'라는 식의 강압으로는 해결되지 않습니다. 선생님의 이해와 진정한 사랑이 필요하지요.

씨를 뿌리는 농부의 심정으로 삼동, 사동작전이 필요합니다. 두 아이는 지금 남모를 고통 속에서 헤매고 있을지도 모릅니다. 애정 어린 대화를 열망하는 마음이 반항으로 나타나는 것일 수도 있습니다. 그 고통과 상처를 어루만져 주는 사람이 그를 변하게 할 수 있습니다. 선생님의 분투를 기원합니다.

교실밖교사커뮤니티(eduict.org) 황소 선생님

변화에 조급해하지 마시길

사춘기에 들어서면 아이들은 흔히 부모, 교사들을 부정하거나 거부함으로써 '스스로 서는' 연습에 들어가게 됩니다. 대신 친구나, 또래 집단에 대해 강한 애착을 보이면서 그들을 통해 자신의 존재를 확인하고, 삶의 위로를 받으려 합니다. 성숙의 한 과정이지요. 그런데 이때 걱정되는 것은 친구들과 무리를 지을 때, 선악의 판단이 흐려질 수도 있다는 겁니다. 집단 안에서 통용되고 인정을 받는다면, 그것이 비록 악이라 할지라도 별 죄의식 없이 행하게 됩니다. 그래서 이 시기에 친구 관계가 중요합니다.

앞에서 두 선생님께서 거듭 강조하셨듯, 유리와 소라에게는 무엇보다 부모님과 선생님의 진정한 사랑과 관심이 필요합니다. 어울리는 선배 언니들을 만나서 변화를 시도하는 '작업' 도 그 못지않게 중요하고요.
선배들에 대한 유혹이 강하더라도 부모님이나 선생님의 믿음과 사랑이 버티고 있으면 쉽게 선을 넘지 않습니다. 아이들은 탈선의 길을 가는 과정에서도 어른들의 무관심에 민감하게 반응합니다. 때문에 지속적인 관심이 필요합니다.
선배들과 만나는 문제는, 그들이 바깥 조직과 연계가 되어 있다면 성향을 바꾸기가 쉽지 않지만, 그저 '노는 선배' 일 뿐이라면 가능성이 충분합니다.
물론 접근하는 선생님은 아이들에 대한 믿음과 신뢰가 있어야 하고요. 절대 급하게 변화를 바라지 말고, 아이들이 그렇게 행동할 수밖에 없는 여러 조건이나 상황을 이해할 수 있어야 합니다. 전체를 상대하기보다 가능한 그 집단의 '짱'과 이야기를 하고, 학생 스스로 변할 수 있게 도와주는 것이 좋습니다.

지난해 우리 학교에도 좀 노는 '일진'이 있어 학기 초에 속을 많이 썩였으나 이후 함께 복지시설에서 봉사활동도 하고, 떡볶이도 먹고, 조직 돌림일기도 함께 쓰는 과정을 통해 서서히 변하는 모습을 볼 수 있었습니다. 지각하면 벌금 내기, 성적 올리기 같은 약속을 하면서 스스로 노력하더군요.

선배들과 학교 바깥에서 노는 것을 대신할만한 일이나 친구들을 찾아주는 일에도 관심을 기울여야 합니다. 스트레스도 풀면서, 스스로 몰입할 수 있는 것이면 뜻밖의 효과를 거둘 수도 있습니다. 남학생의 경우는 주로 운동, 여학생들은 예체능 영역 가운데 호기심을 가지고 있던 취미거리나 장기를 찾아주는 것이 좋습니다.

한번 시작된 소라와 유리의 바람이 쉽게 끝나지는 않겠지만 반드시 변할 것이라는 긍정적인 마음을 가지십시오. 지금 당장은 아니라도 5년, 10년 후에 선생님의 말씀을 떠올리며 자신을 바꾸기 위해 노력할 수 있지 않겠습니까? 아이들은 꼭 변한답니다.

김인순 전남 목포 하당중 교사

교단의 현실, 예컨대 과밀 학급, 학생들의 끊임없는 요구, 갑작스럽게 발생하는 위기를 생각하면, 교사들이 화를 내는 것은 불가피한 일이다. 교사들은 분노의 감정에 대해서 사과할 필요가 없다. 유능한 교사라고 해서 자학을 하거나 순교자가 될 필요는 없다. 성장의 역할을 할 필요도 없고, 천사 행세를 하지 않아도 된다.

유능한 교사는 자신의 인간적인 감정을 의식하며 존중한다. 항상 인내심을 발휘할 수는 없겠지만, 늘 진심어린 마음으로 교육에 임한다. 그는 진지하게 대응한다. 감정에 일치하는 언어로 이야기한다. 귀찮을 때 귀찮다고 말한다. 인내를 가장하지 않는다. 불쾌할 때 기분 좋은 척하며 위선 떨지 않는다.

노련한 교사는 분노를 두려워하지 않는다. 아이에게 손해를 입히지 않고 분노를 표현하는 법을, 다시 말하면 모욕을 주지 않고 분노를 표현하는 비법을 터득했기 때문이다. 화를 부추기는 경우에도, 아이에게 모욕적인 언사를 하지 않는다. 아이의 성격을 비난하거나, 인격을 모독하지 않는다. 아이에게 누구를 닮았다거나, 앞으로 어떻게 될 거라고 말하지 않는다. 분노가 치밀 때, 노련한 교사는 상황에 충실한 태도를 취한다. 자신이 목격하고 느끼고 기대하는 것을 말로 설명한다. 문제에 대해서 조치를 취하지, 사람을 공격하지 않는다. 그런 교사는 화가 날 때는 자신이 통제할 수 있는 것보다 더 많은 요인들을 다루어야 한다는 사실을 알고 있다. 그는 '나는'이라는 메시지를 사용하여 자신을 보호하고, 학생들을 감싼다.

"나 기분이 불쾌해" "나 간담이 서늘했어" "나 무척 화났어"가, "망할 놈의 자식" "네가 무슨 짓을 했는지 한번 봐" "어쩜 그렇게 멍청하니" "넌 무슨 애가 그러니?"라고 하는 것보다 훨씬 안전한 표현이다.

— 《교사와 학생 사이》 하임 G. 기너트 지음, 신홍민 옮김, 양철북

학급에서
패거리끼리 **반목이** 심합니다

4월이 지나고 어느 정도 서먹한 분위기가 가시자, 여학생들이 친한 사람끼리 모여 몇몇 그룹으로 나뉘었습니다. 끼리끼리 몰려다니는 문화는 그 또래 특성으로 충분히 이해할 수 있지만, 그 중 두 그룹 사이의 반목이 눈에 띄게 두드러집니다. 서로 이야기도 하지 않고, 청소할 때도 저희들끼리 슬쩍슬쩍 차례를 바꾸어 같은 패거리끼리만 청소하곤 합니다. 아이들 이야기에 따르면 뒤에서 서로 헐뜯고 욕도 한다고 합니다. 학기 초에 만들어 놓은 모둠(구성원들이 고루고루 섞여 있습니다)도 이 두 그룹 때문에 제대로 돌아가지 않습니다. 겉으로는 별 문제가 없는 것 같은데, 자세히 들여다보면 학급 분위기가 모래알처럼 서걱거립니다. 두 그룹 대표를 따로 불러 원인을 물어보았더니, 그냥 서로 하는 짓이 마음에 들지 않고 싫다고 합니다. 그대로 두었다가는 학급 분위기에도 큰 영향을 끼칠 듯합니다. 어떻게 지도하는 것이 현명할까요?

애들은 아무리 떼어놔도 끼리끼리 몰려다닙니다

끼리끼리를 역으로 이용하라

몰려다니는 아이들이 패거리를 이루지 못하도록 일부러 갈기갈기(?) 찢어 모둠 구성을 하는 경우가 있습니다. 그러나 어떻게 하더라도 결국에는 끼리끼리 몰려다닙니다. 또 그 때문에 모둠활동에 적잖은 장애가 생기기도 합니다. 그렇습니다. 이럴 때는 차라리 패거리끼리 한 모둠을 만들어서 그 안에서 할 수 있는 역할을 정하게 하고, 그 역할이 학급에 도움이 되게 유도하는 것이 피차 좋습니다.
예를 들어 놀기를 좋아하는 그룹이 있다고 칩시다. 그러면 이 아이들에게 '놀이 모둠' 같은 역할을 맡기는 것입니다. 그래서 같이 댄스 연습을 하여 생일잔치 공연을 하게 한다거나 행사를 이끌게 한다거나 하여 학급에 공헌하게 만드는 것입니다. 몰려다니는 아이들은 인정을 받고자 하는 욕구가 강하고, 튀고 싶은 성향이 강한 아이들입니다. 주저하지 말고 튀게 해 주십시오.

패거리 안의 보스(?)를 내 편으로 만들라

몰려다니는 아이들을 살펴보면 그 중 영향력을 행사하는 중심이 있게 마련입니다.
담임은 이 아이와 유대를 강화하는 정치력을 발휘할 필요가 있습니다. 담임 말이라면 팥으로 메주를 쑨다 해도 존경과 사랑으로 받아들일 수 있도록 공을 들이는 것입니다. 일단 이런 관계가 형성되면, 아이들 사이의 문제를 해결하기가 훨씬 쉬워집니다. 담임이 직접 나서는 것보다 효과가 훨씬 클 것입니다.

이런 관계를 형성하려면 학기 초부터 의도적인 노력을 기울여야 합니다. 어떤 '위력'을 가진 아이가 우리 반에 배정되었다는 정보를 얻는대로 담임은 공략을 시작합니다.

평소 알고 지내던 아이가 아니라면 — "너 ○○지? 니가 우리 반이 되었구나! 이야기 많이 들었는데……. 이거 샘이 운이 좋구나! 반갑다." 잘 알고 있던 아이라면 — "우리 잘해 보자. 니가 우리 반이 되어서 얼마나 든든한지 모르겠다. 어쩐지 너는 느낌이 좀 달랐다"하고 말이지요.

이렇게 시작하면 녀석들은 반신반의합니다. 이후 의도적으로 학급 일을 자주 상의하고 의견을 물으며 아이들의 존재감을 확실하게 인정해 줍니다. 이럴 때는 나눔 공책이나 편지 같은 것이 매우 유효합니다.

"샘이 고민이 있거든? 있잖아, 어쩌고저쩌고……. 어떻게 하면 좋을까? 샘 좀 도와줄 수 있지?"

정말 믿고 신뢰하고 있음을 보여 주면 대부분 아이들은 담임의 확실한 울타리가 되어 줍니다. 아이들은 의외로 단순합니다.

집단끼리 반목할 때는 우선 삼자대면을

질문하신 현재 상황에 대해서는 삼자대면을 하는 방법이 좋겠습니다. 두 그룹을 정식으로 불러서 담임이 조정자 역할을 맡는 것입니다.

이때 담임이 서로의 잘못을 캐내어 문제를 삼고자 하는 것이 아님을 분명하게 전해야 합니다. 본능적으로 방어 자세를 취하는 형식적인 만남은 오히려 불씨를 키우는 꼴이 되기 쉽습니다.

담임이 그동안 파악한 두 그룹의 장점을 전하고, 두 그룹이 친하게 지내지 못하는 것에 대한 아쉬움을 허심탄회하게 전하는 것으로 이야기의 물꼬를 트는 것이 좋습니다. 그런 뒤에 두 그룹이 터놓고 이야기를 나눌 수 있도록 분위기를 만들어 줍니다. 여학생 사이에서는 직접 이야기를 나누지 않고 전해 들은 것으로 서로 오해하고 헐뜯는 경우가 흔하기 때문에 '직접 대면'은 뜻밖의 효과를 거두기도 합니다.(이야기가 잘 되면 두 그룹 간의 교환일기 쓰기 같은 방법을 써도 좋습니다.)

그렇다고 해서 모든 것이 담임의 생각처럼 완벽하게 될 거라 기대하지는 마십시오. 아이들이 아무리 단순하다 해도 한 번으로 변화하는 경우는 없습니다.

만약 담임의 이런 노력에도 변화가 없다면, 몰려다니는 것은 좋으나 피해를 주는 행위를 구체적으로 명시하여 이 행동이 전체 학급에 어떤 피해를 주는지 설명하고, 이러한 행동은 하지 않도록 약속을 받아야 합니다. 어길 경우 처벌 방법에 대해서도 동의를 얻습니다. 때에 따라서는 딱 부러지는 단호한 모습을 보이는 것도 방법이 됩니다.

박춘애 광주 금당중 교사

학급회의로 물꼬를 트세요

그렇습니다. 학급 안에서 또래 그룹이 형성되는 건 당연한 일이고 그럴 수밖에 없지만, 그들 간에 반목과 갈등이 깊어지면 문제가 생기게 마련입니다. 당연한 말이지만, 처음부터 이런 문제가 생기지 않도록 조처하는 것이 최상책입니다. 문제는 이런 상황이 발생했을 경우인데, 이때는 아이들 스스로 해결할 수 있도록 분위기를 만들어 주는 것이 좋습니다. 자칫 교사가 끼어들 경우 오히려 상황이 악화될 뿐만 아니라, 서로 상처받는 경우가 많기 때문입니다.

재작년 담임을 했던 학급에서도 비슷한 경우가 있었습니다.
남자아이들과 여자아이들 사이에 사소한 오해로 시작된 갈등이 깊어져, 나중에는 분위기가 아주 험악해졌습니다. 서로를 욕하고 비난하며 우는 여자아이도 속출하였습니다. 담임이 나선다고 해결될 것 같지도 않았습니다. 그저 지켜보고 있던 중 반장이 찾아와서 학급회의를 요청했습니다.
"서로 솔직하게 마음을 터놓고 불만도 얘기하며 오해를 풀어 보자"는 회장 인사로 시작된 회의의 초반 분위기는 장난이 아니었습니다.
서로 비판하고 비난하는 말들이 봇물처럼 쏟아져 나오고, 울고불고 쌓였던 감정이 한순간에 폭발하는 듯하였습니다. 그런데 시간이 좀 지나자 마치 폭풍 지나간 자리처럼 분위기가 차분해지며, 조근조근 토론이 이어졌습니다. 불만이 무엇이었으며 그 이유는 무엇이었는지, 서로 몰랐던 사연을 알게 되면서 서서히 해결의 가닥을 찾을 수 있었습니다. 결국 오해를 확인하고, 서로가 가진 불만을 배려하자는 쪽으로 회의가 마무리되었습니다.

이것이 가능했던 이유는, 평소 학급회의를 통해 대부분의 문제를 조율하고 결정하는 것이 습관처럼 자리 잡았기 때문이 아닐까 합니다.
학급의 모든 문제에 대해 함께 토의하고 결정하고 실천하고 수정하는 경험들을 통해 아이들은 문제를 스스로, 그리고 함께 해결하는 능력을 터득합니다. 자리 배치나 학급 행사 준비 등 작고 소소한 일부터 학급회의를 통해 논의하는 분위기가 정착된다면 분명 아이들 사이에 불거지는 어떤 문제도 그런 과정을 통해 풀 수 있을 것이라 생각합니다.
아이들은 우리가 생각하는 것처럼 어리기만 한 것은 아닙니다. 제 경험으로 보더라도 아이들은 함께 논의하면서 문제를 해결할 수 있는 지혜를 충분히 갖고 있습니다. 교사는 그걸 믿고 멍석을 깔아 줄 수 있어야 합니다. 교실보다 더 큰 사회에서 함께 살아가는 지혜를 몸으로 실천할 수 있도록 말입니다. 그런 의미에서 교실은 사회의 축소판입니다.

김명선 경기 파주 봉일천중 교사

두 여학생이 **심각하게 대립하고** 있습니다

중3 담임인 경력 10년차 남교사입니다.
우리 반 두 여자아이(영희와 두리·가명)가 날카롭게 대립각을 세우며 신경전을 벌이고 있습니다. 이 둘은 지난해에도 같은 반이었는데, 특히 영희가 두리를 싫어합니다. 영희 말에 따르면, 두리 때문에 2학년 때 왕따를 당한 적이 있고, 지금도 사사건건 신경을 건드린다는 것입니다(두리는 기가 센 아이로 덩치도 크고, 선생님들의 말도 잘 듣지 않습니다. 친구들을 몰고 다니는 카리스마도 있습니다). 이에 비해 영희는 덩치는 크지만, 공부도 못하며 집안도 가난합니다. 영희는 가끔 별 것도 아닌 이유로 결석을 하곤 했는데, 이제는 노골적으로 두리 핑계를 대면서 학교를 빠지고 있는 상황입니다.
영희와 몇 차례 상담을 했는데 상황이 나아질 기미가 보이지 않습니다. 담임이 개입하기에는 둘 사이의 간극이 너무 벌어진 듯합니다.
어떻게 '중재'를 해야 할까요?

> **우선 약자가 스스로 설 수 있게 힘을 주세요**

쉽게 말씀드리면 이렇습니다.

온갖 방법을 다 썼는데 나아질 기미가 보이지 않고, 갈등만 깊어진다면 교사의 힘으로는 안 된다는 것입니다. 그럴 때 가장 손쉬운 방법은 환경을 바꾸어 주는 것입니다. 영희가 가든 두리가 가든 이를테면 권고전학이지요. 그러나 그 이전에 정말 쓸 수 있는, 할 수 있는 방법을 다 써 봤는지를 돌아봐야 합니다.

이런 경우, 사실 두리나 영희 모두 교육 대상입니다.
특히 피해자격인 영희는 방치하면 핑계 김에 아예 학교를 피하거나 장기 결석 상황으로 이어질 수 있습니다. 우선 영희에게는 그저 당하고 살아서는 안 된다는 것을 각종 방법(대화, 교환 공책, 또래 상담)으로 일깨워야 합니다.
'두리 때문에 인생을 포기해서도 안 되고, 하고 싶은 것을 못해서도 안 되며, 학교를 빠지는 것은 더더욱 안 된다, 그것은 스스로의 인생을 진흙 속에 묻는 것과 다르지 않다'며 자신감을 회복하도록 격려해야 합니다.
필요하다면(회피의식의 정도를 보아서) 정신과 상담도 병행하십시오. 경제적으로 부담스럽다면, 사회복지시설에 문의하시면 됩니다.
그런 한편으로, 담임은 영희가 당하고 있는 피해 사실을 정확하게 파악해야 합니다. 학급일기, 교환일기, 학급에서 있었던 일 쓰기 등, 학급 안에 사소한 일까지 파악할 수 있는 장치를 마련하는 것이 좋습니다.

두리와도 지속적으로 만나야 합니다.

두리가 유독 영희에게 사납게 구는 것, 혹은 담임의 말을 잘 듣지 않는 데에는 그만한 이유가 있을 것입니다. 어쨌든 두리의 마음을 움직이는 것이 중요합니다. 마음은 순식간에 움직이지 않기 때문에 그 시간이 얼마나 걸릴지 모릅니다. 어쩌면 내내 안 좋아질 수도 있습니다. 다만 내가 담임을 하고 있는 동안 최선을 다해야 한다는 것입니다. 때로는 훈계, 때론 호소로, 자신으로 인해 겪는 영희의 아픔을 전해야 합니다. 지난한 싸움이 되겠지만, 담임의 진심이 소통될 수 있게 해야 합니다.

어려운 일을 할 때 도움을 청하는 방식으로 친숙함을 쌓을 수도 있겠지만, 교환일기 쓰기도 권할 만한 소통 방법입니다. 일상 업무에 치이다 보면 놓치고 지나가는 일이 많습니다. 마음을 나누는 데는 교환일기만큼 좋은 게 없습니다.

마음을 움직이는 데는 때로 처벌이 도움이 되는 경우도 있습니다.

두리의 행동, 습관 여부에 따라 담임의 손을 넘어 규정대로 처벌할 수 있다는 사실을 알리고(처벌을 하든 안 하든) 수순을 밟는 것도 한 방법입니다. 그러나 이것이 과연 독이 될지 약이 될지 모든 상황을 종합하여 판단을 내려야 합니다. 아이들은 정말 다 다릅니다.

박춘애 광주 금당중 교사

선생님과 영희, 두리 '삼자대면'을 해 보세요

'대립'이라기보다 '괴롭힘'의 문제로 파악해야 할 것 같습니다. 피해 학생들은 괴롭힘을 당하면서도 싫은 표현을 하지 않고 소극적으로 대처하는 경향이 있습니다. 그래서 가해 학생의 '괴롭힘을 사는' 경우가 많습니다. 저는 요즘 대면 방법을 많이 사용하고 있습니다.(물론 피해 학생의 동의를 얻습니다.) 대면에서는 피해 학생이 그런 괴롭힘을 당했을 때 어떤 감정이었고 얼마나 힘들었는지 이야기하게 합니다. 가해 학생에겐 이 이야기를 들었을 때 어떤 느낌이었는지 묻습니다. 일방적으로 훈계하는 방식이 아니라 서로 경청하고, 느낌을 이야기하는 방식이 중요합니다.

저희 반에도 비슷한 일이 있어서 당사자 대면을(가해자 3명, 피해자 1명) 한 적이 있습니다. 두어 시간 걸렸는데, 처음에는 양쪽이 신경전을 벌이며 때로는 큰소리도 오가더군요. 저는 중간중간 교통 정리만 했습니다. 나중에는 서로 '이렇게 이야기를 나누면서 어떤 면이 잘못된 것 같은지, 무엇을 느꼈는지'를 정리해서 말하게 했습니다. 마지막으로 제가 양쪽 이야기를 듣고 느낀 점을 솔직하게 털어놓았더니, 모두 제 말에 동의를 표하더군요. 그래서 그 일은 서로 사과하고 최대한 노력하겠다는 다짐으로 마무리할 수 있었습니다. 대면 방식은 활용하기에 따라 좋은 방도가 되는 것 같습니다.

아울러 문제가 일단 수습되었다 하더라도, 피해 학생에게 또래 상담자 친구를 만들어 주는 등 지속적인 관심을 놓지 말아야 합니다.

교실밖교사커뮤니티(eduict.org) 서래의 선생님

아이들이 복학생을 어려워합니다

지난해 가출, 절도 등의 각종 문제를 일으켜 권고휴학을 했던 아이가 2학년 우리 반으로 복학했습니다. 아이들은 선배 대접을 제대로 안 했다가는 해코지를 당할 것 같고, 그렇다고 무시할 수도 없고, 친하게 지내기는 그렇고……. 내색을 못해서 그렇지 아이들의 심경이 다들 복잡해 보입니다. 현재 복학생은 별 말없이 조용하게 있습니다만(시간이 나는 대로 자신의 원래 학년 친구들을 찾아다니며 놀다가 옵니다), 지난 생활에 대해 깊게 반성하거나 뉘우치는 기색은 아닙니다. 따로 면담을 하여 서로 잘해 보자고 약속은 했으나, 이런 경우 학급 아이들과 복학생과의 관계를 어떻게 조정해 주는 게 좋을까요?

서로를 존중하는 바탕을 먼저 만들어야 합니다

여러 해 전 여중에 근무하던 시절에 만났던 아이가 문득 생각납니다.

가출, 이성 문제 등의 사유로 자퇴했다가 복학한 미연이라는 아이였습니다. 미연이와의 첫 상담은 잘해 보자고 서로 환하게 웃으며 아주 멋지게 끝낼 수 있었습니다.

그러나 잘할 수 있다고, 이번에는 정말 잘해 보겠다고 찰떡같이 했던 약속이 닷새도 안 되어 깨져 나갔습니다. 시내를 뒤져 아이를 찾고 달래어 돌아오게 했지만, 그 뒤로도 나와 미연이는 반복된 약속과 숨바꼭질을 열 번도 넘게 하고 말았습니다. 그러던 여름방학 어느 날 아이가 또 없어졌다는 미연이 어머니의 심드렁한 전화를 마지막으로 우리의 숨바꼭질은 끝나고 말았습니다. 10년 넘은 교사 생활 가운데 첫 번째 '빨간줄'이었습니다.

추측컨대 말씀하신 아이도 미연이와 크게 다르지 않을 듯합니다.

아이들이 끊임없이 학교를 겉도는 이유는 뭐니뭐니 해도 학교가 별 재미가 없기 때문입니다. 따라서 무엇보다 복학생에게 필요한 일은, 학교 오는 재미를 단 한 가지라도 찾아주는 것입니다. 그가 복학했다는 것은 나름대로 학교에 대한 기대감을 가지고 있기 때문입니다.

복학생의 학교생활에 대한 의욕을 꺾지 않도록 하는 것이 실마리를 풀어가는 첫 단추라고 생각합니다. 그러므로 그가 원래 학년의 아이들과 만나는 일을 막으려 하거나 내심 불편해 하지 않는 것이 좋습니다. 그나마 그를 붙잡고 있는 최소한의 끈일 수도 있으니까요. 시간을 내어 복학생의 옛 친구들을 만나 보는 것도 좋습니다. 그와 관계를 트는 데 도움이 되는 정보를 얻을 수도 있습니다.

그러나 모든 것이 복학생을 자연스럽게 학급의 일원으로 인정하는 담임의 태도가 전제되어야 합니다. 전체 학급 구성원들의 인격을 존중함으로써, 반 전체가 서로를 위할 줄 아는 따뜻한 분위기를 만드는 것이 무엇보다 중요하다는 것입니다(수호천사 놀이를 해 보면 좋습니다).

그리고 복학생이 없을 때, 아이들 모두에게 그의 처지와 담임의 생각을 진솔하게 얘기하고, 반 전체의 협조를 구하는 것이 좋습니다. 그런 토대 위에서 담임부터 편견을 버리고 이해의 마음과 개방적 태도를 갖고 복학생을 대하면, 금방은 아닐지라도 머지않아 아이들도 자연스레 따라오게 될 것입니다. 물론 조급함은 금물입니다. 사람의 행동과 습관이 하루아침에 바뀔 리가 있겠습니까?

외로움이 깊을수록 관계에 대한 갈망 또한 커지게 마련이므로 오히려 기회는 많을 수도 있습니다. 굳은 벽처럼 단단해 보이지만 손가락만한 틈새로 물이 스미듯 담임의 마음이 다가갈 때, 복학생과 더불어 아이들 모두가 한 울타리의 소중한 씨앗으로 조금씩 영글어갈 것입니다.

류지남 공주공업고 교사

선생님의 참여를 기다립니다

'교실 속 갈등 상황 시리즈'는
선생님과 함께 만들어 가는 책입니다

사람이 사는 곳에는 어디든 부대낌이 있습니다. 그런 갈등을 조율하면서 개인과 사회는 더불어 조화롭게 성장합니다. 학교는 말할 것도 없습니다. 성장기의 아이들 사이에서 벌어지는 장면인 탓에 해결 과정 자체가 다 교육이 됩니다. 갈등 상황에 직면할 때마다 고민이 깊어지는 것도 그 때문입니다. 문제는 딱히 정답이 없다는 것입니다. 몸에 익은 방식을 따르자니 고루하고, 당장의 성과를 보자니 교육적으로 올바른지 확신이 서지 않습니다. 결국은 비슷한 일을 겪었던 동료나 전문가, 신뢰할만한 선배 교사를 찾아 손을 내밀게 됩니다.

사실 그렇다고 해도 딱 들어맞는 처방전이 손에 떨어지는 것은 아닙니다. 그러나 집단적인 모색은 좀 더 '교육적이며 유연한' 탐색을 가능케 합니다. 아울러 치명적인 오류를 줄이고, 상황에 따라 기다리고 인내하는 안목을 깨우치기도 합니다.

서문에서 밝혔다시피 이 책은 이러한 노력의 결과물입니다.
그러나 이제 시작일 뿐입니다. 교실에서 흔히 만날 수 있는 일반적인 상황을 일차 살폈을 뿐, 당장 내 눈앞에서 벌어지고 있는 구체적인 각종 문제 상황은 여전히 진행형입니다. 오히려 더 복잡다단하게 발전하고 있습니다. 시대 변화에 따라 교육의 역할도 상당 부분 변화를 겪고 있으며, 가치관의 혼돈 문제까지 겹쳐 있습니다. 하여 교실이 존재하는 한, 집단적인 모색을 통해 좀 더 근본적인 '교육의 길'을 찾는 '교실 속 갈등 상황 시리즈'는 계속 이어질 것입니다. —당연히 전국 각지의 선생님들께서 이 시리즈의 주체이며 주인공입니다.

교실에서 현재 아이들과 관련하여 갈등 상황에 봉착해 있거나, 혹은 늘 반복적으로 겪는 문제 유형, 일차 수습은 했으되 여전히 후유증이 의심되는 경험이 있으면 우리교육 편집부를 찾아주십시오.

본 책의 질문 형식을 참고하되, 되도록 구체적으로 상황을 정리하여
'지혜로운 교사 시리즈 블로그'(blog.naver.com/daum_edu)나
우리교육 홈페이지(www.uriedu.co.kr)를 이용하시면 됩니다.

보내 주신 사례는 우리교육과 함께 하는 베테랑 교사나 전문가에게 의뢰하여 실천적인 조언을 구하겠습니다. 조언 결과는 일정 분량이 쌓이는 대로 2권, 3권으로 엮어 시리즈를 이어가겠습니다. 참여하신 모든 선생님께는 출간과 함께, 책을 받아보실 수 있는 혜택을 드릴 계획입니다.

선생님들의 적극적인 참여를 기대합니다. 갈등 상황 시리즈는 선생님과 함께 만들어 가는 책입니다.

2008년 3월 우리교육